Prof. Dr. med. Frank Matakas wurde in Köln geboren. Nach dem Studium der Medizin, Philosophie und Mathematik in Köln und Hamburg war er in der Hirnforschung tätig. Danach Weiterbildung zum Psychiater und Psychoanalytiker. Er war 30 Jahre lang ärztlicher Leiter einer psychiatrischen Klinik in Köln und arbeitet jetzt in freier Praxis. Er ist verheiratet, hat vier Kinder und lebt in Berlin und Köln.

Frank Matakas

Familienstürme

Eine psychologische Erzählung darüber,
wie wir unser Seelenleben ordnen

Weitere Informationen über den Verlag und sein Programm unter:
www.buchmedia.de

November 2010
© 2010 Buch&media GmbH, München
Umschlaggestaltung: Kay Fretwurst, Freienbrink
Umschlagbild: Dimitri Brodski – Fotolia.com
Herstellung: Books on Demand GmbH, Norderstedt
Printed in Germany · ISBN 978-3-86520-380-9

Inhalt

Über dieses Buch und das Problem,
das Sie möglicherweise damit haben werden · 7

BARBARA – DIE PSYCHOLOGISCHE EBENE

Psychische Symptome · 12
Die Geburt des Selbst · 28
Barbaras Versuch, selbstständig zu werden · 45
Barbara wird psychotisch · 57
Eine kurze Blüte · 66

FAMILIE REIN – DIE FAMILIÄRE EBENE

Erwartungen · 78
Familienbeziehungen · 84
Karriere – Beruf und Familie · 96
Abgründe – was ist normal? · 106
Späte Liebe – die Kraft familiärer Bindungen · 117

SCHIZOPHRENIE – DIE GESELLSCHAFTLICHE EBENE

In der Psychiatrie · 126
Meta · 148
Der Versuch zu leben – gibt es eine Lösung für die Schizophrenie? · 156
Das erste Ende der Geschichte und eine ernste Unterhaltung · 170
Das zweite Ende der Geschichte · 185

Über dieses Buch und das Problem, das Sie möglicherweise damit haben werden

Das vorliegende Buch ist die Essenz vieler Lebens- und Familiengeschichten, die ich in meiner psychiatrischen und psychoanalytischen Arbeit von meinen Patientinnen und Patienten erfahren habe. Aus dieser Fülle an Material habe ich die Geschichte einer Familie konstruiert, die Geschichte von der unglücklichen Barbara, von ihrer Mutter, die die Wirklichkeit zu überlisten versucht, ihrem Vater, der Karriere macht, und ihrer Schwester, die unbemerkt fast glücklich wird.

Es geht in diesem Buch um das seelische Erleben von Barbara, die an einer Schizophrenie erkrankt, um die Familienbeziehungen und um den Zusammenhang zwischen seelischem Erleben und gesellschaftlicher Realität. Am Beispiel der Schizophrenie lässt sich nämlich gut zeigen, wie seelische Störungen mit familiären Beziehungen verwickelt sind.

Diese Zusammenhänge hätte ich nicht in Form einer theoretischen Abhandlung beschreiben können, weil sich das Leben einer Familie mit all seinen inneren und äußeren Verflechtungen darin nicht angemessen darstellen lässt. Am Beispiel einer wirklich existierenden Familie, die ich behandelt habe, konnte ich es auch nicht darstellen, weil ich von einer einzelnen Familie nicht so viele Details kenne, abgesehen davon, dass ich die Betreffenden damit bloßgestellt hätte. Ich habe darum die Form einer Geschichte gewählt, was das Ganze einem Roman ähnlich macht. In diesem Sinne sind Handlung und Charaktere frei erfunden, und jede Ähnlichkeit mit lebenden oder toten Personen ist zufällig.

Neben der Geschichte gibt es im Text meine Deutungen und Erklärungen zum Geschehen – durch den Schifthintergrund abgehoben. Dabei habe ich es ähnlich wie in einer Psychoanalyse gemacht: Der Psychoanalytiker versucht die Hintergründe des seelischen Erlebens seines Patienten zu erkennen. Er sucht nach dem verborgenen Sinn dessen, was sein Patient sagt, und teilt es ihm mit. Das heißt in der Sprache der Psychoanalyse Deutung. Genauso mache ich es mit den Personen dieser Geschichte.

Dabei ergibt sich aber für Sie als Leser ein Problem. Wenn Sie die

Geschichte von Barbara wie einen Roman lesen wollen, werden Sie merken, dass etwas anders ist, als Sie es sonst von Büchern mit fiktiver Handlung her kennen. Wenn Sie dann daran denken, dass dies doch ein Sachbuch ist, und nun versuchen, den Text wie eine Dokumentation, also wie eine wahre Geschichte zu lesen, passt das auch nicht. Sie werden beim Lesen mitunter den Eindruck bekommen, als ob Sie mit dem, was da steht, persönlich gemeint sind. Durch die erklärenden Einschübe wird das noch unterstrichen. Und das ist manchmal aufregend, manchmal auch nicht angenehm.

Wenn wir etwas über Menschen lesen, seien es nun reale oder fiktive Personen, identifizieren wir uns mit ihnen. In einem Roman haben wir die Wahl, ob wir es mit dem Helden oder dem Schurken oder mit beiden halten wollen. In einer Reportage über wirkliche Ereignisse können wir uns mit den Menschen, über die berichtet wird, identifizieren oder mit dem Berichterstatter, oder wir nehmen die Rolle eines Kritikers ein. Beim Lesen dieses Buches geht es Ihnen zunächst nicht anders – Sie identifizieren sich. Aber dann erfahren Sie etwas darüber, warum Sie sich gerade mit dieser oder jener Person identifiziert haben. Beim Lesen fühlen Sie sich verführt, so wie die eine oder die andere Figur zu empfinden, und dann lesen Sie, dass diese Empfindung einen Hintergrund hat, der Ihnen gar nicht bewusst war. Es ist ein wenig so, als ob Sie eine Psychoanalyse machen, zu der Sie sich doch aber gar nicht entschlossen hatten, als Sie dieses Buch in die Hand nahmen.

Um es ehrlich herauszusagen: Dieses Problem können nur Sie selbst lösen. Entweder Sie finden Gefallen daran, in diesem Buch das eine oder andere über sich selbst zu erfahren, oder Sie legen dieses Buch nach einigen Seiten wieder weg. Wenn man so will, ist es eine neue Form des Schreibens, für die es noch keine Vorbilder gibt. Das erfordert auch eine andere Einstellung beim Lesen. Wenn Sie sich darauf einlassen, dürften sich Ihnen interessante Erkenntnisse erschließen und – so hoffe ich natürlich – auch ausreichend Lesegenuss.

Barbara – die psychologische Ebene

Im ersten Kapitel lernen wir Barbara kennen und die Symptome, an denen sie leidet. Um zu verstehen, warum und wie sich diese Symptome entwickelt haben, muss man in die Kindheit von Barbara zurückgehen. Das geschieht dann im zweiten Kapitel.

Barbara hatte, wenn man die üblichen Maßstäbe anlegt, eine glückliche Kindheit. Aber es scheint ein Glück gewesen zu sein, das ihr wenig nützlich war.

Wie bei jedem anderen Menschen auch, kann man das Leben von Barbara als eine Abfolge von Konflikten ansehen. Das Besondere hier ist jedoch die ungewöhnliche Art, mit der Barbara die Konflikte zu lösen versucht: Sie macht daraus Symptome. Dennoch gibt es einen Sinn in dem, was sie tut. Dieser Sinn bleibt allerdings ihr und ihrer Familie verschlossen. Nur als außenstehender Betrachter ahnt man, welcher Sinn hinter dem, was sie tut und wie sie lebt, verborgen ist.

Sie werden lesen, dass Barbara, bevor sie psychotisch wird, öfters den Versuch macht, doch eine gewisse Selbstständigkeit zu erreichen. Aber das schlägt fehl. Als sie – spät – die Liebe entdeckt, fängt Barbara vorsichtig an, über sich nachzudenken, was sie vorher überhaupt nicht konnte. Aber das erschreckt sie bis auf den Grund ihrer Seele.

Psychische Symptome

An dem Morgen, an dem die Geschichte beginnt, war Barbara zwanzig Jahre alt. Sie hatte lange und gut geschlafen, was sie nicht oft von sich sagen konnte. Heute würde sie auch nicht so bald das warme Bett verlassen.
  Sie schlief nicht und dachte auch an nichts Bestimmtes. Eigentlich sollte sie schon aufgestanden sein. Außer der Mutter, die sich eine Etage tiefer zu schaffen machte, war niemand im Haus. Vielleicht würde sie gleich kommen und sie aus dem Bett scheuchen. Genau wusste Barbara das nie. Manchmal kam sie, manchmal kam sie nicht. Manchmal war sie dann böse, manchmal freundlich. Heute schien sie nicht zu kommen. Allmählich wurde Barbara wacher und ihre Gedanken wurden klarer. Was würde sie heute essen? Die Mutter hatte bestimmt schon alles bereitgestellt. Das Brötchen würde sie nicht anrühren. Wasser würde sie trinken, vielleicht etwas Obstsaft dazu.

> Dass eine zwanzigjährige Frau beim morgendlichen Erwachen als Erstes daran denkt, wie die Mutter wohl gelaunt ist und wie sie es vermeiden kann, das von ihr zubereitete Frühstück zu essen, lässt uns vermuten, dass es Konflikte zwischen beiden gibt.

Es war Sommer und die Sonne schien durchs Fenster. Das Licht blendete sie, aber das registrierte sie kaum. Regenwetter hätte ihr genauso gefallen. Sie rollte sich aus dem Bett. Die Morgentoilette machte sie sorgfältig, die war ihr wichtig. Sie duschte lange. Den ganzen Körper seifte sie ein. Ihre Hand glitt über die Haut, über jeden Teil des Körpers. Dann stellte sie sich wieder unter die Brause und fühlte den Schaum mit dem Wasser den Körper hinunterrinnen.
  Danach betrachtete sie sich lange im Spiegel. Sie war jetzt ganz sauber, überall. Sie war dünn, ja mager, und hatte einen feinen Knochenbau. Die Schultern fielen nach unten und ließen den langen Hals noch länger erscheinen. Ihre Brüste waren kaum gewölbt, aber die Brustwar-

zen waren groß und dunkel. Die Rippen hingegen traten deutlich hervor, und die Beckenknochen gaben ihrer Hüfte etwas Knabenhaftes.

Lange stand sie vor dem Spiegel. Sie war zufrieden, besser gesagt, sie war nicht unzufrieden. Aber was war das, wer war das, da im Spiegel, ihr gegenüber? Es war ihr Körper. Ihr Körper, das war nicht sie selbst, jedenfalls nicht ganz sie selbst. Der Körper war ein anderer als sie. Er war nicht einmal ihr Freund, er war ihr Gegner – noch nicht ihr Feind, den sie und der sie vernichten wollte. Noch war er nur ihr Gegner, mit dem sie um die Herrschaft rang, ein unerbittlicher, heimtückischer Gegner, der einen Feldzug gegen sie führte, ihr immer wieder Niederlagen beibrachte. Aber sie war eine zähe Gegnerin. Auch sie hatte Terraingewinn zu verbuchen. Und in den Territorien, in denen sie die Herrschaft errungen hatte, regierte sie mit harter Hand, verlangte Gehorsam und Unterwerfung.

Barbara hat eine Anorexie, gern Magersucht genannt. Aber die Anorexie ist keine Sucht, sondern eine Ablehnung des Körpers, genauer: eine Ablehnung der körperlichen Triebe. Die Triebe bestimmen uns, Barbara aber will das umkehren und mit ihrem Willen über den Körper herrschen. Allerdings nicht ganz, was man daran merkt, wie sie sich – doch mit einem Gefühl des Behagens – duscht.

Draußen ging die Mutter am Bad vorbei. Ihre Schritte verrieten keine Aufregung. Also würde es ein ruhiger Vormittag, vielleicht sogar Tag werden. Barbara kramte aus ihrer Schublade ein Fläschchen hervor, Night Balsam. Sie öffnete es, es enthielt ein Abführmittel. Barbara nahm einen Schluck und versteckte die Flasche wieder tief in der Schublade. Dann griff sie nach einer Flasche mit einem natürlichen Hautöl und rieb den Körper damit sorgfältig ein, zuerst lange das Gesicht. Sie nahm viel Öl, sodass die Haut glänzte. Sie rieb die Arme ein, die Beine, dann den Oberkörper und schließlich die Hüfte. Die Scham kam zuletzt dran. Sie rieb die Schamlippen ein, die Stelle, an der sie vorn zusammenlaufen, und den Damm. Die zarte rosa Haut ihres Geschlechts betrachtete sie mit Aufmerksamkeit. Unbemerkt machte sich der Finger, der Bruder ihres Körpers, selbstständig, tastete sich über Haut und Haare und erkundete Falten und Grüfte. Sie spürte nicht die Erregung, auch nicht die Lust. Es war eine Lust des Körpers, an der sie nicht teilhaben konnte. Es war nicht ihre Lust, es war seine.

> Natürlich kann Barbara ihre körperlichen Bedürfnisse nicht wirklich ignorieren. In ihrem Verhalten kommt also, wie wir schon gesehen haben, zum Ausdruck, dass sich der Körper mit seinen Bedürfnissen nicht abweisen lässt. Barbara tut also so, als gehe sie das Ganze nichts an. Sie spaltet die Triebe, die Lust des Körpers ab.

Schließlich hörte sie die Mutter: Barbara! Ja, kommst du denn gar nicht! Es ist schon fast 12 Uhr.

Sie zog sich an.

Am Nachmittag kam Lucie. Sie war seit den Kindergartentagen eine Freundin von Barbara. Sie hatte schon lange einen festen Freund, von dem sie behauptete, dass er sie heiraten wolle. Er habe ihr schon einen Heiratsantrag gemacht, sagte sie oft, besonders gern, wenn er anwesend war. Aber sie heiratete dann doch einen anderen. Später, als Barbaras Weg für lange Zeit in die Vereinsamung führte, unternahm Lucie große Anstrengungen, den Kontakt zu ihr aufrechtzuerhalten.

Die Freundin hatte eine Dose in der Hand. Selbst gebackene Plätzchen, erklärte sie und hielt Barbaras Mutter die Dose unter die Nase. Frau Rein zierte sich ein wenig und guckte Lucie fragend an.

Meine neue Mütterlichkeit, ergänzte Lucie. Ich habe es mit Plätzchen versucht. Ist doch gelungen, oder?

Barbara, der eigentlich nicht nach Essen zumute war, konnte sich der Aufforderung der Freundin nicht entziehen und griff zu. Lucie machte eine theatralische Verbeugung in Richtung von Frau Rein – als ahnte sie, was in ihr bei diesem Anblick vorging.

> Nämlich, dass die Mutter sich fragte, warum Barbara die Plätzchen von der Freundin aß, aber nicht das, was sie ihr anbot. Wir bemerken, dass die Anorexie auch ein Machtkampf zwischen Mutter und Tochter zu sein scheint. Wenn Barbara das Essen der Mutter ablehnt, lehnt sie damit auch deren Mütterlichkeit ab.

Barbara schob Lucie in ihr Zimmer, doch die Freundin drängte nach draußen. Also zog Barbara ihre Schuhe an, und die beiden gingen zusammen aus dem Haus. Barbara lief hinter ihrer Freundin her.

Wo willst du hin? fragte sie atemlos, weil Lucie losstürmte, als sei sie im Training.

Ich will Klamotten kaufen, und du sollst mir dabei helfen, antwortete sie.
Was denn?
Mal sehen. Was für warme Tage. Vielleicht ein kurzer Rock mit Bluse oder ein Kleid.
Für Lucie war das Shoppen eine lustvolle Angelegenheit, für die Verkäuferinnen eine Geduldsprobe. Lucie hatte eine gute Figur, so stand ihr vieles. Durch das Anprobieren entschädigte sie sich dafür, dass sie die schönen Sachen nicht alle kaufen konnte; denn woran es ihr am meisten mangelte, war Geld.
Ist es gut? Steht es mir? Wie passt das zusammen?
Oder in Grün, ist das nicht besser?
Barbara hatte Schwierigkeiten, auf solche Fragen zu antworten, sie wusste nicht, was die Freundin genau wissen wollte. Das Einkaufen kannte sie von ihrer Mutter, die eine elegante Frau war. Die Mutter war schön, aber für Barbara war es eine schreckliche Schönheit. Barbara fühlte sich oft geblendet von ihr, wich ihr aus. Mit Lucie war das etwas anderes. Lucie war ihre Freundin. Und doch war sie ihr jetzt fremd. Barbara hatte sich früh einen Kleidungsstil zugelegt: blauer Rock, gern auch etwas kürzer, schließlich hatte sie dünne Beine, weiße oder hellblaue Bluse, zwei Knöpfe offen. Das trug sie in Variationen jeden Tag. Dadurch ersparte sie sich die Frage, die Lucie beim Einkaufen bewegte: Bin ich damit attraktiv? Eine Welt steckt in dieser Frage. Wie sollte ausgerechnet Barbara ihrer Freundin diese Frage beantworten? Barbara hatte keinen Begriff von Schönheit. Sie wusste nicht, wie sie hätte aussehen müssen, um sich attraktiv zu finden. Wenn sie mit ihrem Aussehen einigermaßen zufrieden war, dann hatte das eine ganz andere Bedeutung. Sie meinte damit, dass sie im Krieg mit ihrem Körper eine siegreiche Schlacht geschlagen hatte.

> Barbara hatte die Sinnlichkeit verdrängt, weil sie Angst davor hatte. Auch die Angst wehrte sie ab und konnte sie nicht empfinden. Wir werden diesen Prozess später besser verstehen.

Es war faszinierend für sie zu sehen, mit welchen Augen sich Lucie betrachtete, wie wichtig ihr das Urteil der Verkäuferin war und wie sie es doch relativierte. Es war ein Ausflug in die normale Weiblichkeit, an der Lucie Barbara teilhaben ließ. Barbara mochte die Freundin sehr und bewunderte sie. Wenn Lucie fand, dass die blaue

Farbe ihrer Augen bei diesem Stoff gut zur Geltung kam, wenn sie enttäuscht war, dass ein schönes Stück ihr doch nicht stand, oder es bedauerte, wenn es zu teuer war – Barbara nahm Anteil daran. Sie lachte mit Lucie und ärgerte sich mit ihr. Aber sie hatte kein eigenes Urteil über das, was geschah.

> Barbara bedeutete das alles nichts, weil sie keine richtige Vorstellung von der Wirklichkeit hatte. Das klingt geheimnisvoll, wird aber später klarer.

Lucie hatte sich schließlich für etwas Buntes entschieden und, weil der Tag sehr warm war, etwas Lockeres.

Erschöpft betraten sie ein Café. Lucie bestellte einen Kaffee, Barbara einen Tee. Lucie redete viel, wie es ihr Temperament war. Ihr ging nie der Gesprächsstoff aus. Dass sie mit den Eltern hatte kämpfen müssen, um eine Zeit lang im Ausland studieren zu können, dass es der Bruder viel leichter mit der Mutter hatte, dass ihr die neue Mode sehr gefiel, dass sie einen netten jungen Mann kennengelernt hatte, der gar nicht mehr so jung war und eine Frau fürs Leben suchte, aber heiraten wollte sie nun doch noch nicht. Barbara saß artig auf ihrem Stuhl, trank Tee ohne Zucker, schaute Lucie an und sagte Ja und Ach und Na, so was! Manchmal fragte sie auch nach, ob es nun der Bruder von Lucie war oder ihr Freund, der es leichter hatte mit den Eltern, oder überhaupt. Die beiden lachten schließlich wie in alten Schultagen.

Barbara hörte Lucie zu. Aber den Triumph, den Lucie empfand, als sie sich bei den Eltern durchgesetzt hatte, den Stolz und Neid der Mutter, die wehmütige Liebe des Vaters, die in dem Bericht von Lucie anklangen, ohne dass sie es direkt sagte, all das verstand Barbara nicht. Lucie ihrerseits registrierte das Unverständnis von Barbara, aber sie machte sich keine Gedanken darüber. Weltfremd, dachte sie nur.

> Lucie kann im Gegensatz zu Barbara die eigenen Gefühle und die ihrer Eltern empfinden, auch wenn sie sie nicht direkt benennt. Barbara kann ihre Gefühle nicht wirklich wahrnehmen und kann insofern die Gefühle von Lucie nicht teilen. So bleibt die Unterhaltung und auch die Beziehung zwischen den beiden ohne Tiefe.

Sie hatten verabredet, abends zusammen ins Kino zu gehen. Aber Lucie wollte plötzlich nicht mehr. Barbara protestierte nicht. Das wäre ihr nie in den Sinn gekommen. Sie verabschiedete sich freundlich und ging nach Hause. Barbara spürte weder Ärger noch Enttäuschung. Sie dachte überhaupt nicht an Lucie oder den Nachmittag. Als sie im Bus saß, dachte sie ans Essen. Nicht, dass sie hungrig gewesen wäre. Sie überlegte, was wohl im Kühlschrank sein könnte. Wie war es verpackt, was könnte sie essen? Den ganzen Weg über, im Bus und auf dem Fußweg nach Hause, dachte sie ans Essen.

Hier können wir beobachten, wie ein Symptom angetriggert wird: Lucie hält sich nicht an die Verabredung, bricht den Nachmittag ab. Vielleicht fand sie es denn doch etwas anstrengend mit Barbara. Für Barbara war das eine Enttäuschung. Aber sie kann oder will diese Enttäuschung nicht empfinden. Das Gefühl sucht sich ein Ventil, weil sich Gefühle nicht folgenlos verdrängen lassen.

Zu Hause angekommen, setzte sie sich in ihr Zimmer. Sie fühlte sich leer. Es war eine Leere, die sie nicht hätte benennen können. Unruhig stand sie auf, ging in die Küche und wieder zurück. Niemand außer ihr war im Hause.

Sie stand auf und ging wieder in die Küche. Sie öffnete den Kühlschrank und aß. Sie aß die Speisen kalt aus der Verpackung. Käse, Schinken, eine Schüssel mit Kartoffeln, die Soße, die von gestern übrig geblieben war, dazu Brot in großen Brocken. Sie aß den Kühlschrank leer. Danach rührte sie sich Haferflocken in eine Schüssel mit Milch. Sie aß einen halben Becher Joghurt, danach Tomaten. Von der Butter aß sie mit dem Löffel. Gierig stopfte sie sich alles in den Mund. Dann fand sie noch eine Dose Ananas und eine mit Apfelkompott. Barbara hörte erst auf, als es nichts mehr zu essen gab. Ihr Bauch war so dick geworden, dass sie die Hose geöffnet hatte. Sie konnte sich kaum bewegen. Die Gier und der Heißhunger hörten allmählich auf. Übrig blieb das Gefühl der Übervölle.

Barbara hat auch eine Bulimie. Auslöser ist ihr Gefühl der Leere. Es entstand, weil die uneingestandene Enttäuschung über Lucies Absage, noch ins Kino zu gehen, Zorn erzeugt hat, der das innere gute Bild der Freundin zerstört hat. Die Leere versucht sie mit Speisen zu füllen.

> Der Zorn, den Barbara nicht spüren kann, zerstört ihre inneren Bilder der Menschen, die sie liebt. So ist sie verlassen; denn nur die verinnerlichten liebenden Menschen könnten sie davor schützen, verlassen zu sein, wenn sie allein ist.

Sie setzte sich in ihr Zimmer. Der Bauch drückte. Das Essen war in ihr wie Fremdkörper. Es war ein riesiges Gebilde in ihr, das ihren Bauch ausdehnte, mit dem sie jetzt nichts mehr zu tun haben wollte. Voller Ekel stand sie auf, ging ins Bad. Sie beugte sich übers Klo, berührte mit dem Finger den Zungengrund und erbrach sich. Zuerst kam es in großen Wellen, dann würgte sie immer aufs Neue, bis es nur noch wehtat. Sie spülte und säuberte die Toilettenschüssel, wusch sich das Gesicht und putzte sich die Zähne, um den üblen Geschmack loszuwerden. Der Hals kratzte. Das Bad roch nach Erbrochenem. Sie öffnete das Fenster. Voller Scham warf sie sich auf ihr Bett.

> Die Heftigkeit dieses bulimischen Anfalls zeigt, wie intensiv die Enttäuschung eigentlich war, die Barbara abwehren musste.

Später stand die Mutter fassungslos vor dem leeren Kühlschrank. Es war zwar nicht das erste Mal, doch hatte sie sich an die Fressanfälle ihrer Tochter noch nicht gewöhnt.

Barbara wachte auf. Es war mitten in der Nacht. Immer noch hatte sie einen üblen Geschmack im Mund. Sie schlich ins Bad und putzte sich noch einmal die Zähne. Aber die Scham war weg. Der vergangene Tag war wie ausgelöscht.
 In der Nacht hatte sie einen Traum. Sie war in einem Kaufhaus und kaufte sich Kleider. Sie zog mehrere Kleider übereinander an und wunderte sich darüber. Aber die Verkäuferin fand das sehr schön, und die Kunden im Geschäft schauten mehr und mehr nach ihr und klatschten Beifall. Mit jedem Kleidungsstück, das sie über das andere zog, schwoll der Beifall an. Sie selbst hörte nicht auf, sich zu wundern, weil sie unheimlich dick dadurch wurde. Schließlich konnte sie sich kaum noch bewegen. Aber die vielen Menschen standen bewundernd um sie herum und unterhielten sich darüber, wie schön Barbara in ihren vielen Kleidern war.

Dieser Traum, der an das Erlebnis mit Lucie anknüpft, verrät uns die verdrängten Wünsche von Barbara. Sie möchte schön sein und deswegen bewundert werden. Sie möchte auch viele schöne Kleider haben und zieht sie darum, nach der Manier eines kleinen Kindes, alle auf einmal an. Auf diese Weise wird sie auch dicker. Damit verharmlost sie in dem Traum zugleich den Fressanfall. Der Traum deutet den dicken Bauch, den Barbara durchs Essen hatte, um: Der Fressanfall hat überhaupt nicht stattgefunden, dick war sie durch die Kleider und im Übrigen fanden die anderen das alles toll.

Am nächsten Morgen stand sie zeitiger auf. Im Badezimmer gab es keine Spuren mehr von der Nacht. Es roch nach parfümierter Seife, die Cornelia, die jüngere Schwester, benutzt hatte. Barbara hatte nichts Besonderes vor. Vielleicht würde sie am Vormittag etwas spazieren gehen. Früher war sie auch gejoggt. Das fiel ihr inzwischen schwer. Sie ging lieber stramm spazieren. Beim Frühstück war die Mutter gereizt.

Iss! sagte sie zu ihrer Tochter. Der Ton war scharf.

Barbara fügte sich und nahm das Brötchen, und als sie es so trocken abbiss, herrschte die Mutter sie an: Schmier dir was drauf. Ich habe es heute morgen extra für dich gekauft.

Barbara kratzte langsam und widerwillig Butter auf das aufgeschnittene Brötchen und legte Käse darüber. Sie kaute und kaute. Die Mutter wurde immer gereizter, Barbara immer langsamer. Schließlich steckte sie den Rest des Brötchens in die Tasche, zog eine Jacke über und ging aus dem Haus. Das Brötchen warf sie unterwegs weg.

Kaum war Barbara weg, lief die Mutter die Treppe hinauf in Barbaras Zimmer. Sie griff in die unterste Schublade des Schreibtisches und holte ein in Leinen gebundenes Büchlein heraus. Sie schlug es auf.

14.3. Frühstück: 1/2 Apfel, 1/2 Brötchen mit Honig, 1 T. Kaffee mit fettarmer Milch, 2. Tasse dto., aber nicht ganz getrunken; Mittag: 1 kl. Salat (Kopfs.) mit Essig und 1/2 EL Öl, 1 Scheibe Weißbrot, 1 Glas Wasser; Abendbrot: 2 Kartoffeln, Bohnengemüse, gekocht mit Salz und Butter (!), Soße 1 Löffel (nicht vom Braten), 1 Gl. Wasser; zwischendurch: 2 Glas Obstsaft.

Die Mutter hatte es schon viele Male gelesen. Sie starrte auf das Geschriebene, als wollte sie den verborgenen Sinn entschlüsseln. Sie blätterte weiter.

19.3. Ich bin eine verkommene Kreatur, eine fette Sau. Nichts mache ich richtig. Heute wieder gefressen, Schokolade 2 Tafeln und fast eine halbe Wurst.«

Barbara hatte eine regelmäßige, gestochene Schrift, sie schrieb nur mit Tinte.

Die Mutter schüttelte den Kopf. Immer wieder las sie das Gleiche. Sie wollte eine Antwort. Sie wollte wissen, was in Barbara vorging, wenn sie den Kühlschrank leer aß, wenn sie sich stundenlang in ihrem Zimmer aufhielt. Aber sie bekam diese Antwort nicht, nicht wenn sie Barbara fragte, nicht wenn sie heimlich in ihrem Tagebuch las, nicht wenn sie an der Tür horchte.

> Sie bekam keine Antwort, weil auch Barbara keine wusste.
> Man versteht die Ratlosigkeit der Mutter gut. Aber dass sie die Intimsphäre ihrer Tochter so missachtet, macht alles nur schlimmer. Und wenn Barbara auch nicht mitbekommt, dass die Mutter in ihrem Zimmer schnüffelt, ahnt sie es doch, und das vergiftet die Beziehung. Die Symptome Barbaras sind unter anderem ein Ausdruck dieses Beziehungskonflikts.
> Merkwürdig ist, dass Barbara sich wegen des Essens beschimpft. Wahrscheinlich spürt sie unbewusst, dass ihre Essprobleme Ausdruck von Aggressionen gegen die Mutter sind. Dafür macht sie sich diese Vorwürfe. Es wäre also eine doppelte Abwehr: Sie verschiebt die Vorwürfe von der Mutter auf das Essen und wendet sie zugleich gegen sich selbst.

Die Mutter steckte das Tagebuch wieder in die Schublade.

Nach dem Mittag rief Lucie an. Sie fragte Barbara, wie es ihr ergangen war, als sie nach Hause gekommen war. Offensichtlich hatte sie Schuldgefühle, weil sie den gemeinsamen Nachmittag mit ihrer Freundin so früh beendet hatte. Aber Barbara nahm das nicht wahr. Sie hatte darüber auch gar nicht nachgedacht.

Die Mutter war immer noch gereizt, und Barbara war deswegen unruhig.

Was machst du heute Nachmittag? fragte die Mutter, wartete aber eine Antwort gar nicht erst ab. Willst du dich nicht mal um die Universität kümmern?

Ja, ich kann ja heute Nachmittag hingehen. Aber ich kann mich noch nicht einschreiben. Das geht erst in zwei Monaten.
Dann beleg irgendwas! Geh einfach hin! Setz dich in eine Vorlesung. Aber ich kriege zu viel, wenn du hier den ganzen Tag nichts tust.
Ihre Worte kamen in einem ziemlich scharfen Ton.
Ja, sagte Barbara, stand auf und ging in ihr Zimmer.
Die Mutter schlich vor ihrer Tür auf uns ab, aber drinnen rührte sich nichts. Sie hatte eine merkwürdige Scheu, hineinzugehen oder Barbara herauszurufen. Sie horchte an der Tür und ging wieder weg. Im Zimmer blieb es den ganzen Nachmittag ruhig. Schließlich vergaß die Mutter das Thema. Sie machte sich daran, das Abendessen vorzubereiten. Ihr Mann würde bald kommen, auch Cornelia.

> Die Mutter hat Angst vor Barbara, wie umgekehrt auch Barbara vor der Mutter. Das ist eine Folge der Tatsache, dass auf beiden Seiten viel Feindseligkeit ist, die in dem ständigen Machtkampf zum Ausdruck kommt.

Barbara hatte das Gymnasium besucht, das sie mit einem durchschnittlichen Abitur abgeschlossen hatte. Es hatte Mädchen und Jungen gegeben, denen sie durch die langen Jahre der gemeinsamen Schule verbunden war. Es hatte Schulveranstaltungen gegeben, die den Anstrengungen der Lehrer, Schüler und auch Eltern eine Richtung gaben und ein Ziel definierten. An allem hatte Barbara teilgenommen, ohne besonders auffällig zu sein, und so hatte weder sie selbst noch die Lehrer oder ihre Eltern gemerkt, dass sie nicht wirklich an all diesen Ereignissen beteiligt war. Sie erfüllte die von ihr verlangten Anforderungen, aber sie realisierte nicht, dass die Schule als eine Phase in ihrem Leben gedacht war, auf der eine andere aufbauen sollte. Barbara war mit ihren Symptomen beschäftigt.

> Symptome haben aber keine sinnvolle Beziehung zur äußeren Welt. Das Fressen von Barbara beispielsweise ist ekelig oder faszinierend, aber es ist auch langweilig, weil es sich immer nur wiederholt. Weder Barbara noch die Menschen um sie herum konnten darin einen Sinn entdecken.
> Barbara lebte nur in der Gegenwart. Aber von Gegenwart zu

> sprechen ist nur sinnvoll, wenn es eine Zukunft gibt, und da Barbara keine Zukunft hatte, lebte sie in gewisser Weise zeitlos. Und doch gab es eine Dramatik im Leben dieser Frau.

So vergingen die Tage. Nur selten wurde das Einerlei unterbrochen. Wenn sie nicht in ihrem Zimmer war oder kurz das Haus verließ, saß Barbara oft stundenlang in einem Sessel. Dachte sie dann an etwas? Beschäftigte sie sich mit ihren Fantasien? Oder hatte sie Gefühle, die sie in Anspruch nahmen? Den anderen um sie herum war es unheimlich. Sie machten immer aufs Neue Versuche, in Kontakt mit ihr zu kommen, um so irgendwie Einfluss auf ihr Verhalten nehmen zu können.

Ich muss heute in die Stadt, etwas erledigen. Willst du mitkommen?, fragte die Mutter.

Nö, war das, was Barbara dazu herausbrachte.

Mein Gott, willst du denn wieder nur den ganzen Tag rumsitzen?

Keine Antwort von Barbara.

Antworten kannst du ja wenigstens. Jetzt komm schon mit!

Keine Antwort.

Zum Donnerwetter noch mal!

Barbara zuckte zusammen. Sie ging mit.

Katastrophen kamen – wie es schien – aus heiterem Himmel. Barbara hatte den ganzen Tag in ihrem Zimmer verbracht. Die Mutter war nicht hineingegangen. Am Nachmittag hatte Cornelia, die Schwester, eine längere Unterhaltung mit Barbara. Es ging um den Freund von Cornelia, mit dem sie über ein Wochenende verreisen wollte. Cornelia erzählte, wie sie ihren Freund dazu gewonnen hatte und was sie im Einzelnen plante. Sie brauchte jemanden, dem sie das erzählen konnte, weil sie sich auf die Reise freute. Die Schwester hörte sich alles an, sagte nichts dazu.

Zum Abendessen kam Barbara an den Tisch, aß aber, wie üblich, kaum etwas. Dann ging sie wieder schnell in ihr Zimmer. Sie hörte Musik. Sie war unruhig, ohne zu wissen, warum. Sie machte sich daran, die Eintragungen in ihrem Tagebuch zu vervollständigen. In der Regel beruhigte sie das, aber heute nicht. Wieder ging sie auf und ab. Dann ging sie ins Bad und kramte in einer der Schubladen. Ganz hinten, in einem Täschchen hatte sie Rasierklingen versteckt. Sie holte eine heraus. An der Klinge klebte Blut. Sie legte sie an den Unterarm. Ganz leicht war die Klinge, sie führte sie über die Haut. Es war ein leichter

Kratzer, die Haut spreizte sich etwas. Es war kein Blut zu sehen, nur die weiße Haut und der Schlitz. Plötzlich schoss das Blut in die Schnittränder, für einen winzigen Augenblick sah man es aus den Adern herausquellen. Wie in Trance schnitt Barbara mit mehr und mehr Druck auf der Klinge. Das Blut quoll breit aus der Wunde, tropfte ins Waschbecken, vermischte sich da mit ein paar Wassertropfen. Barbara guckte fasziniert. Schmerz spürte sie nicht. Die Unruhe war verschwunden. Trotz des Blutes konnte sie erkennen, dass die Wunde weit klaffte, dass der Schnitt bis in den Muskel gegangen war. Barbara nahm ein Handtuch, das neben dem Becken hing, und drückte es auf die Wunde. Für einige Minuten stoppte der Fluss. Das Handtuch färbte sich rot. Sie warf es weg. Nun floss das Blut über den Arm auf den Boden. Im Nu hatte sich eine Lache gebildet. Mitten darin stand Barbara. Sie machte einen Schritt. Da war eine Fußspur aus Blut.

Die Beruhigung und Faszination der ersten Minuten waren nun der Angst gewichen. Kläglich und leise rief Barbara nach der Mutter. Als hätte sie etwas geahnt, war die Mutter augenblicklich im Bad. Es dauerte lange Sekunden, bis sie handeln konnte. Dann entfuhr ihr ein Schreckensschrei, und der Vater kam mit Cornelia ins Bad gelaufen. Sie standen alle um Barbara herum, die weinerlich und schuldbewusst inmitten des Blutes stand. Es war nicht das erste Mal, dass Barbara sich schnitt. Die Narben an ihrem Arm waren eine ständige Erinnerung daran. Aber das hier, das war etwas Neues. Das war kein Schneiden, wie sie es kannten, das hier war eine Schlachtung, wie die Mutter später sagen würde.

> Wieder ein heftiges Gefühl, hier von Neid, das Barbara auf keinen Fall empfinden darf. Sie wehrt es durch die Selbstverletzung ab. So schwer die ist, so heftig und aggressiv muss das eigentliche, verdrängte Gefühl gewesen sein.
>
> Das Symptom des sich Schneidens erledigt mehrere Aufgaben: Es ist eine Verschiebung des Hasses, der eigentlich die Schwester meint, auf sich selbst. Zugleich ist es Selbstbestrafung für dieses böse Gefühl. Schließlich hat es wohl auch eine lustvolle Komponente, nämlich den Triumph über den Schmerz.

Cornelia rannte zum Telefon und rief die Feuerwehr.

Meine Schwester will sich umbringen.

Am Telefon hörte sie eine beruhigende Stimme, die nach der Adresse fragte.

Was ist denn passiert?

Der Notarzt war ziemlich schnell da. Barbara hatte eine große Vene am Arm mitten durchgeschnitten.

Nicht ungefährlich, meinte der Arzt. Sie hätten verbluten können.

Aber umbringen wollte sich Barbara nicht. Sie hatte selbst Angst bekommen, als es nicht aufhören wollte zu bluten. Der Notarzt versorgte die Wunde notdürftig und schickte Barbara mit den Eltern in die Ambulanz der Klinik. Dort wurde die Schnittwunde genäht. Man wollte sie in die Psychiatrie verlegen, weil sie doch einen Selbstmordversuch unternommen hatte, wie es der Arzt ausdrückte. Aber das Versprechen der Eltern, auf Barbara aufzupassen, Barbaras Versicherung, dass sie sich nicht umbringen wollte – was der Arzt schließlich auch glaubte, weil er die Narben der früheren Schnittwunden sah und dachte, dass man ja versucht, die Pulsadern aufzuschneiden und nicht in die Mitte des Unterarms zielt, wenn man sich umbringen will –, schließlich dass sie mit der Mutter schon morgen zum Hausarzt gehen wollte, all das bewirkte, dass man sie gehen ließ.

Am nächsten Tag ging Barbara mit ihrer Mutter zum Hausarzt der Familie. Dr. Abel war ein fülliger Mann, der stets half, ohne unnötig zu reden. Er würde weder Barbara noch die Mutter fragen, wie es zu den Schnitten gekommen war, wenn er spürte, dass sie darüber nicht gern sprechen würden. Er hatte ein gutes Gespür für solche Situationen.

Unterwegs erzählte die Mutter – was oft Thema zwischen beiden war –, wie ihre Mutter, die Oma von Barbara, ihr Vorwürfe gemacht habe. Dass sie nicht verstünde, gut mit ihrem Mann umzugehen und so fort. Die Mutter redete dann wie ein Wasserfall. Dass die Oma doch selbst eine schlechte Ehe geführt habe, dass der Vater von Barbara bestimmt eine seiner üblichen Bemerkungen gegenüber der Oma gemacht habe, dass sie sich solche Mühe gebe, dass sie keine Lust mehr habe, dass Barbara das verstehen müsse. Barbara hörte aufmerksam zu. Sie sagte, dass sie den Kummer der Mutter verstünde, dass die Mutter immer allein dastand, dass man doch sehen könne, wie viel Mühe sie sich gebe, dass es von der Oma bestimmt nicht bös gemeint sei, dass sich die Oma einsam fühle, dass der Vater wahrscheinlich etwas völlig anderes gesagt habe, dass sich die Mutter ruhig einmal aussprechen solle, dass die Mutter es doch besser als die Oma habe, da sie nicht allein sei, dass sie eine gute Mutter sei, dass der Vater bestimmt froh sei, eine so gut aussehende Frau zu haben, dass sie, Barbara, wisse, was die Mutter alles für ihren Mann, die Kinder und die Oma tue.

Dass die Mutter nun die Oma anklagt und sich rechtfertigt, zeigt, dass sie Schuldgefühle hat, die sie auf diese Weise loswerden will. Vermutlich spürt sie, wie sehr sie in die Verhaltensweisen von Barbara verstrickt ist. Eigentlich sollte Barbara Schuldgefühle haben. Sie hat der Familie durch ihr Verhalten einiges angetan.

Derweil waren sie in der Praxis angekommen. Die beiden setzten sich in das volle Wartezimmer, schwiegen und blätterten in den herumliegenden Zeitschriften. Plötzlich bekam einer der Wartenden einen Niesanfall. Ein Mann mit einem feuerroten Schal, den er sich mehrere Male um den Hals gewickelt hatte, musste niesen, einmal, zweimal, dreimal ... es hörte gar nicht mehr auf. Alle schauten hoch. Der Mann fingerte hastig nach einem Taschentuch, aber zu spät, der Rotz rann ihm aus der Nase. Der Mann wischte sich das Gesicht ab. Jeder tat so, als habe er nichts gesehen.

Doch plötzlich stand er auf, wedelte mit den ausgestreckten Armen herum und lief tänzelnd durch den Raum.

Wollt ihr wohl machen, dass ihr fortkommt, ihr kleinen Scheusale, Viren- und Bakterienbrut! Nun lasst doch den armen Klaus und die netten Leute hier in Ruhe!

Er huschte zur Tür, öffnete sie weit und fächelte die Luft hinaus.

Weg mit euch, hinweg!

Dann schloss er die Tür, kehrte zu seinem Stuhl zurück, setzte sich, verschränkte die Arme über einen großen bunten Regenschirm und nahm den lautlosen Beifall der Anwesenden entgegen.

Der erkältete Klaus ist auch ein schräger Typ (er kommt später im Buch noch mal vor), aber ganz anders als Barbara. Sein Verhalten, obwohl auch skurril, hat eine kommunikative Bedeutung, die man versteht. Man soll zum Beispiel darüber lachen. Bei Barbara ist die kommunikative Bedeutung ihres absonderlichen Verhaltens nur dann erkennbar, wenn man es deutet – wie wir es versuchen.

Später rief Frau Rein Robert, einen befreundeten Rechtsanwalt, an. Sie erzählte, dass sich Barbara im Bad geschnitten hatte und daran fast verblutet wäre, wie es der herbeigerufene Arzt gesagt hatte, was man aber auch hatte sehen können, sodass die Katastrophe, die doch schlimm war, leicht hätte noch viel schlimmer sein können, eine Schlachtung sei es gewesen, auch der Notarzt sei erschrocken gewesen, drei Stiche hätten sie in der Klinik gemacht, und dann sollte sie in die psychiatrische Klinik, aber sie ist doch nicht verrückt, ob das denn möglich sei, dass Barbara auch gegen ihren Willen in die Klinik müsse, das wolle sie ihn fragen.

Der Bericht war so atemlos, dass Robert den Eindruck hatte, Barbara, deren Schnittwunde inzwischen ordentlich genäht und verbunden war, stehe noch inmitten ihres Blutes im Bad der Familie Rein.

Das arme Kind. Sie hat nicht mal geweint. Das muss doch wehgetan haben. Und Blut, überall nur Blut. Ich verstehe das gar nicht, so viel Blut hat sie verloren. Mein Gott, wenn ich mir vorstelle, dass der Arzt nicht so schnell gekommen wäre. Sie können sich gar nicht vorstellen, was das alles für mich bedeutet hat.

Die Frage von Frau Rein konnte er auf Anhieb nicht beantworten. Damit hatte er sich noch nie beschäftigt, wollte sich aber kundig machen und versprach, sich zu melden.

Robert war etwas erregt.

Stellen Sie sich das mal vor!, sagte er zu seiner Sekretärin.

Das ist wie eine Sucht, meinte die. Ich habe neulich gelesen, dass die jungen Mädchen wetteifern, wer sich am tiefsten schneiden kann.

Und seine Frau meinte, Frauen leiden gern.

Aha, sagte er. Das erklärt alles.

Später fügte sie hinzu: Sag mal, die Mutter von diesem Mädchen, die ist aber auch komisch.

Robert machte sich kundig und rief Frau Rein am nächsten Tag an. Also, wenn sich Barbara nicht umbringen will oder wollte und auch keinen anderen bedroht hat, besteht kein Anlass und auch keine Möglichkeit, sie gegen ihren Willen in eine psychiatrische Anstalt einzuweisen. Entmündigt ist sie ja nicht.

Weiter beschäftigte er sich nicht mit der Sache. Robert fragte nicht gern, warum die Menschen etwas tun. Es genügte ihm, dass sie alle verschieden waren, manche sehr verschieden. Er dachte, dass doch jeder selbst wissen müsse, wie er leben will, und es sei doch schön, dass sie alle so verschieden sind, die Menschen. Barbara beispielsweise war offensichtlich auch sehr verschieden, und das machte ihn neugierig auf sie. Ein junges Mädchen, das sich den Unterarm aufschneidet, sodass das Blut in Strömen herausfließt! Er stellte sich vor, wie sie immer blasser wurde, fast durchsichtig, bis kein Blut mehr in ihr war. Eine durchsichtige junge Frau, ein ätherisches Wesen, blond wie ein Engel. Der Gedanke, dass sie verrückt sein könnte, kam ihm nicht.

Robert kommt in dieser Geschichte öfters als Gegenbeispiel für Barbara und ihre Familie vor. Er nimmt die Merkwürdigkeiten von Barbara wahr, aber versucht nicht, sie zu ergründen. Vielleicht gibt ihm das den Anschein von Normalität und ist die Ursache, warum er meist gute Laune hat.

Die Geburt des Selbst

Wir haben im vorigen Kapitel Barbara und ihre Symptome kennengelernt und auch etwas über die Beziehung zu ihrer Mutter erfahren. Um das alles besser zu verstehen, müssen wir uns mit der Kindheit von Barbara vertraut machen.

Barbaras Mutter, Ursula Rein, wurde sehr bald nach der Hochzeit schwanger. Sie freute sich. Sie hatte geheiratet, weil sie Familie und Kinder wollte. Auch ihr Mann freute sich. In der ersten Zeit der Schwangerschaft war Ursula Rein morgens häufig übel. Das ist normal, sagte ihr Arzt. Aber es trübte ihre Vorfreude auf das Baby. Sie hatte auch Angst, es könne missgebildet sein. Ihr Arzt versuchte, sie zu beruhigen: Wir können eine Fruchtwasseruntersuchung machen. Das Risiko für das Kind ist zwar nicht gleich Null, aber sehr gering, meinte er schließlich.

Das Ergebnis der Untersuchung war in Ordnung.

Ich habe alles getan, was ich tun konnte, sagte Ursula Rein zu ihrem Mann. Sie war es gewöhnt, sich freundlich und gut gelaunt zu geben. Darum bemerkte niemand ihre Ängste, außer wenn sie zu ihrem Arzt oder Mann davon sprach.

Die Ängste von Ursula Rein sind, was die Intensität betrifft, ungewöhnlich. Die Bemerkung »Ich habe alles getan...« verrät den Grund. Sie hat Schuldgefühle. Und warum? Die Antwort ist, dass sie Aggressionen gegen das Kind hat. Ihre Angst, das Kind könne missgebildet sein, entspringt einem Wunsch, das Kind zu attackieren. Vermutlich kommt diese aggressive Regung daher, dass Ursula Rein fürchtet, dass das Kind in ihrem Bauch sie attackiere. Sie bemerkt die Veränderungen ihres Körpers, wird von der Übelkeit

geplagt und ahnt, wie sehr das Kind ihr Leben verändern wird. All das erlebt sie wie einen Angriff, worauf sie ihrerseits mit Aggression reagiert. Ihre Aggressionen machen ihr Schuldgefühle, und da das alles völlig unbewusst abläuft, bemerkt sie nur die Angst.
Das alles ist unabhängig davon, dass sie ihr Kind auch sehr liebt und sich darauf freut.

Im zweiten Drittel der Schwangerschaft fühlte sie sich so wohl wie selten in ihrem Leben. Sie hatte zwar wenig von ihrem Mann, der, noch am Anfang seiner beruflichen Karriere, viel arbeitete. Aber sie kam mit dem Alleinsein gut zurecht. Sie fühlte mit Zufriedenheit, dass ein neuer Mensch in ihr heranwuchs. Dieses gute Gefühl verließ sie bis zur Geburt des Kindes nicht, obwohl ihr in den letzten Monaten der dicke Bauch und ihre Unbeweglichkeit zu schaffen machten. Zu dieser Zeit setzte sie ihr Studium aus, das sie auch später nicht wieder aufnahm.

Die Ängste und alles, was damit zusammenhängt, sind vorerst ganz in den Hintergrund getreten.

Ihr Mann schlief während der Schwangerschaft kaum, zuletzt gar nicht mehr mit ihr. Ursula Rein vermisste die Sexualität nicht, aber es störte sie, dass sie weniger attraktiv für ihren Mann war, wie sie meinte. In Wahrheit verband ihr Mann mit seiner Sexualität eine gewisse Aggressivität und hatte darum Hemmungen, mit seiner schwangeren Frau zu schlafen.
Dass das Kind ihr Leben unumkehrbar verändern würde, ahnte sie, ja wollte sie auch. Doch hatte sie kaum Vorstellungen davon, wie das sein würde. Ihre Freundinnen hatten noch keine Kinder, mit ihrer Mutter sprach sie wenig.
Einige Male kam auch ihr Mann mit Babysachen von der Arbeit, die er in der Mittagspause gekauft hatte, eine Babypuppe, da es doch ein Mädchen werden würde, eine mit Kindermotiven bemalte Truhe und Söckchen für das Kind. Ursula Rein fand das nett, bedeutete ihrem Mann aber, dass das ihre Sache sei.

Ihr Mann wollte auch ein bisschen Mutter sein, aber sie verstand das als Angriff auf ihre Mütterlichkeit. Er seinerseits spürte nicht, wie sehr sie die Ermutigung brauchte, dass sie eine gute Mutter sein würde. So nahm das Verhängnis seinen Lauf.

Sie hatte mit ihrem Mann nicht darüber gesprochen, dass er bei der Geburt anwesend sein könnte. Lothar Rein hielt das Gebären für reine Frauensache, bei der Männer nichts zu suchen hätten. Frau Rein hätte es vielleicht lieber anders gehabt, aber das wurde zwischen den beiden nicht besprochen.

Wie so vieles nicht.

Die Wehen setzten an einem Nachmittag in der Woche ein. Die Hebamme riet zum Gang in die Klinik. Lothar Rein war, nachdem ihn seine Frau benachrichtigt hatte, sofort dorthin gefahren und wartete teils geduldig, teils nervös in einem unwirtlichen Flur, wohin ihn die Frau von der Anmeldung geschickt hatte. Weiß gekleidete Menschen gingen geschäftig an ihm vorbei, grüßten flüchtig oder gar nicht. Frauen wurden in Betten durch die Tür geschoben, gingen auch dickbäuchig, von Krankenschwestern gestützt, durch diese Tür, auf der Kreißsaal stand. Er hatte keine Ahnung, wie lange eine Geburt dauern konnte. Er fühlte sich unbehaglich. Es wurde Abend. Niemand kümmerte sich um ihn. Er fühlte sich überflüssig. Schließlich kam ein Mann in Weiß, dessen Funktion unbekannt blieb:
    Herr Rein?
    Ja, antwortete er erleichtert. Ist es da?
    Nein, noch nicht. Das wird auch so bald nichts. In dieser Nacht bestimmt nicht. Die Wehen sind schon ziemlich stark und häufig, aber beim ersten Mal dauert es oft länger. Sie können nach Hause gehen. Wir rufen Sie an, wenn es soweit ist. Wir haben doch Ihre Nummer?
    Ursula Rein hielt die schmerzhaften Wehen aus, ohne viel zu klagen. Sie sehnte sich danach, dass ihr jemand die Hand halten und Mut zusprechen würde. Sie telefonierte mit ihrem Mann, aber sein Angebot, wieder in die Klinik zu kommen, lehnte sie ab. (Später nahm sie es ihm übel, dass er sie in ihrer »schweren Stunde« allein gelassen hatte.)

> Die Kommunikation zwischen beiden ist erschwert, weil nicht genug Vertrauen in den anderen da ist. Sie denkt: Er will nicht wirklich, man hört es an der Art, wie er fragt. Sie möchte sich ihm auch nicht gern mit den Schmerzen und diesem körperlichen Ereignis der Geburt präsentieren. Das aber traut sie sich nicht zu sagen. Er denkt: Sie will ja vielleicht nicht, dass ich komme. Und er hat auch Angst davor, die Geburt miterleben zu müssen, was er ihr nicht gestehen will.

Am nächsten Morgen war Ursula Rein von den Schmerzen entnervt. Sie hatte keine Kraft mehr. Obwohl in guter Lage, war das Kind nicht gekommen. Der Chef der Klinik meinte, ein Kaiserschnitt sei unumgänglich, und Ursula Rein willigte ein.

Eine Stunde später war Barbara geboren, der Vater benachrichtigt und mit einem riesigen Strauß Blumen in die Klinik geeilt. Jetzt waren sie erstmals zusammen, Ursula Rein, ihr Mann Lothar und das Kind. Sie sprachen kaum ein Wort miteinander. Sie blickten auf ihr Kind, das ruhig schlief.

Es sollte Barbara heißen, es war der Klang des Namens, der der Mutter gefiel. Niemand in der Familie hieß so.

> Man könnte das so deuten, dass sie das Kind mit keinem teilen wollte – aber vielleicht ist das eine Überinterpretation.

Ursula Rein musste fast zwei Wochen in der Klinik bleiben. Depressive Anwandlungen nach der Geburt, wie so manche junge Mutter, hatte Ursula Rein nur andeutungsweise. Mit dem Stillen klappte es einigermaßen. Nach zwei Tagen brachte man mit dem Kind auch das Fläschchen. Der Arzt hielt es für notwendig, zuzufüttern. Ursula Rein wurde nicht gefragt, mit ihrem Mann konnte sie sich nicht besprechen. Ihre Mutter meinte: »Das Beste ist natürlich Muttermilch, keine Frage. Aber ich glaube, dass du nicht genug hast. Ich weiß nicht, wie du mit deiner Figur ein Kind ernähren willst. Also gib ihr nachher oder vielleicht vorher das Fläschchen.

Als sie die Klinik verließ, war das Stillen schon kein Thema mehr. Im Laufe der nächsten Wochen stellte sie es allmählich ganz ein. An

Barbara bemerkte sie zunächst keine Reaktion. Als das Mädchen einige Wochen später die Milch oft in hohem Bogen wieder ausspuckte, konsultierte die Mutter den Arzt.

Die meisten Kinder spucken, sagte er, das hat in Ihrem Fall nichts mit dem Fläschchen zu tun. Füttern Sie das Kind mit kleineren und häufigeren Mahlzeiten. Und wenn die Kleine spuckt, versuchen Sie es einfach noch einmal.

> Dass Ursula Rein sich so leicht reinreden ließ, zeigt, wie unsicher sie war. Das Spucken von Barbara war zu intensiv, um noch als normal gelten zu können. Es war wohl schon Ausdruck dafür, dass etwas in der Beziehung zwischen ihr und der Mutter nicht stimmte.

Die junge Mutter war den ganzen Tag mit ihrem Kind, dem Haushalt und der Versorgung ihres Mannes beschäftigt. Von ihrem Mann erwartete und bekam sie keine Hilfe. Der kam meist spät nach Hause und arbeitete auch dort und am Wochenende, er konzentrierte sich auf seine Karriere. Wenn sie jemanden brauchte, bat sie ihre Mutter, aber das war selten; denn ihr war nichts zu viel. Unzählige Male stand sie nachts auf, wenn das Kind schrie, nie verärgert, nie zögernd. Nie kam sie auf den Gedanken, ihren Mann darum zu bitten.

> Die Mutter kann sich nicht eingestehen, wie schwer ihr die Pflege manchmal fällt. Sie kann sich von ihrem Kind nicht gut abgrenzen. Abgrenzung erfordert (konstruktive) Aggression. Ursula Rein tut alles, um ihre Aggression gegen das Kind zu widerlegen.
> Sie hält das Kind emotional vom Vater fern, denn eine Beziehung zum Vater würde mehr Distanz zwischen ihr und dem Kind schaffen.

Abends erzählte sie ihm von Barbara: Heute war ich das erste Mal mit dem Kinderwagen ganz lange draußen. Die Sonne schien, und ich glaube, das hat Barbara gefallen. Sie war ganz ruhig und hat mit ihren Äuglein neugierig geguckt. Dann hat sie im Wagen geschlafen. ... Heute hat die Kleine den ganzen Morgen geweint. Ich weiß nicht, warum. Sie ist nicht krank. Ich habe Fieber gemessen. Für Zähne ist es auch noch zu früh, hat der Kinderarzt gesagt. ... Vielleicht sollte ich jetzt mehr passiertes Gemüse füttern.

Die Beunruhigung der Mutter über die Verfassung des Kindes hörte Lothar Rein nicht heraus.

Es war eine glückliche Zeit, meinte Ursula Rein später. Das Kind und seine Bedürfnisse bestimmten den Rhythmus des Tages. Sie legte die Kleine zur Ruhe, nahm sie auf, fütterte sie, trug sie durch die Räume, schäkerte mit ihr, wickelte sie, tröstete sie. Sie gab Barbara, was sie brauchte.

> Aber wusste sie, was das Kind brauchte? Konnte sie sich dabei auf ihr Gefühl verlassen? Bekam der Säugling Barbara die Sicherheit, dass die Bedürfnisse seines noch so verletzbaren Lebens befriedigt wurden, obwohl er sie doch selbst noch nicht kannte, geschweige denn artikulieren konnte?

Wie üblich, so nach dem dritten Monat, wurde Barbara lebhafter, lachte schon mit einem Glucksen. Oft nahm ihre Mutter sie hoch und spielte mit ihr: heben und fallen lassen, kraulen und sanft schütteln. Die kleine Barbara reagierte mit erkennbarer Lust. Ursula Rein war eine Mutter mit ungewöhnlichem Engagement für ihr Kind. Sie war glücklich und das Kind war es auch.

> Aber was die Mutter für ihr Kind tat, tat sie doch nicht ganz nach den Bedürfnissen des Kindes. Sie befriedigte das Kind, bevor es ein Bedürfnis hatte.

Sie wartete nicht auf das Wollen des Kindes.

> Es war, als fürchtete sie eben dieses Wollen.

So war der Säugling eigentlich nie frustriert. Bevor Barbara gemerkt hatte, was sie wollte, wusste es die Mutter – und das Kind war schon befriedigt.

Die Mutter sagte: Ach, was ist meine Kleine hungrig!

Nein, Barbara war eben noch nicht hungrig, sie wollte hungrig werden. Aber sie hatte gar keine Chance, hungrig zu werden. Es war das Bedürfnis der Mutter, ein sattes Kind zu sehen. Es war der Wunsch der Mutter, ein lachendes Kind zu sehen, denn weinen war eine Anklage. Barbara konnte die Mutter nicht verführen, sie zu füttern oder zu wiegen oder zu hätscheln, wenn sie es wollte; denn sie wurde gefüttert, gewiegt, gehätschelt, bevor sie es wollte. Sie konnte die Mutter nicht besiegen, nicht durch den Charme ihres ersten Lachens, nicht durch ihr unwiderstehliches Wimmern und später auch nicht durch Trotz. Für all das gab es keine Chance.

So stand das glückliche Kind auf unmerkliche Weise im Dienst der Mutter. Ursula Rein hatte einen glücklichen Säugling, der doch keine eigenen Lebensrechte einlösen konnte.

> Wir sehnen uns nach einer so vollkommenen Kindheit, wie sie Ursula Rein ihrem Kind bereiten wollte. Sie wird nie verstehen, warum eine so glückliche Zeit in so viel Abnormität münden konnte.

Und Barbara? Aus dem Nebel der ersten Wahrnehmungen konturierten sich allmählich Gestalten. Die längst bekannte Stimme der Mutter verband sich mit einem Gesicht und mit einer Ordnung der Dinge. Es gab Sattheit und Ruhe, es gab Farben, Laute und Bewegungen. Die Haut wurde von den lustvollen Bewegungen geschmeichelt. Licht und Farben liefen an ihr vorbei. Der Herzschlag der Mutter, ihre Wärme, die lockende Stimme – es war ein ständiges Fest der Sinne. Manchmal wollte sich tief im Zentrum des Inneren ein schmerzendes Gefühl melden, Hunger würde es später heißen. Aber bevor sie dieses Nagen wirklich spüren konnte, gab es Entspannung, die Befriedigung. Nur wenn der Körper sich entleerte, war sie ganz mit sich allein. All diese Eindrücke wechselten in einer Folge, die sich sehr bald als eine Ordnung zu erkennen gab. Sie waren alle mit dem gleichen Geruch eines Menschen, der gleichen Stimme und dem gleichen Gesicht verbunden. Es war ein Gott, der dem Kind diese nie endende Reihe aufregender und lustvoller Ereignisse bescherte.

Es gab auch Schmerzen, die alles im Inneren in Unordnung brachten. Da half nur Schreien. Aber diese Einbrüche in die Alltäglichkeit des wunderbaren Lebens waren selten. Sie hatten auch keine Verbindung mit der Zufriedenheit, die das Normale war. Es waren böse Dinge, die aus dem Erleben schnell verdrängt wurden. Es waren gefährliche Momente; denn das Schreien verwandelte die Mutter. Die Mutter war verzweifelt, flehte ihr Kind an, nicht zu schreien. Dann war die Mutter auch keine gute Mutter mehr; sie war nun böse, ein böser Gott, der ihr Schmerzen zufügte. Manchmal waren es keine Schmerzen, kein Hunger, dann war das Schreien eine heimliche Lust, um die gute Mutter zu vernichten. Aber dann kam die andere, die böse Mutter, die das Kind mit Kummer und Schmerzen bedrängte und bedrohte.

So – muss man vermuten – sah es der Säugling.

So geschah die Welt für Barbara. Das eine reihte sich, von ihrem Gott erzeugt, an das andere, der Einbruch des Bösen war selten. Fast immer war Lust, und es gab keine Störung der Dinge. Ehe die Knospe eines Gedankens auftauchte, war er realisiert: Schlaf oder Spiel, Nahrung oder Zärtlichkeit. So viel Glück macht wehrlos.

War es ein Zufall, war es Instinkt? Die kleine Barbara fand heraus, dass die Ordnung der Dinge auch umkehrbar war. Diese Ordnung, die sie lernte, war geprägt davon, dass die Welt in sie hineinfand: das Licht, die Berührungen, die Fütterung. Es gab einen Rhythmus, die Augen zu öffnen, die bloße Haut mit der Welt in Berührung zu bringen und sich die Nahrung einzuverleiben. Aber es gab auch ein »heraus«. Auch das war lustvoll, obwohl ihre Ordnung der Welt das nicht vorsah. Ihr Gott wollte das nicht. Aber sich auf diese Art zu spüren, war verführerisch. Sie war sie selbst, sie war wie ihr Gott. Barbara spuckte.

Die Mutter war beunruhigt. Das Kind vertrug die von der Mutter zubereitete Nahrung nicht. War sie überhaupt eine gute Mutter? Barbara trank mit der Milch, die ihr die Mutter gab, auch die Angst der Mutter. Die Milch ließ ihren Körper wachsen. Und eines Tages machte sich die Angst in ihrem Inneren heimisch. Sie fesselte ihre Seele. So verschwand auch das Spucken.

War Ursula Rein eine schlechte Mutter? Nein. Es gab eigentlich nur ein Problem. Ursula Rein konnte es nicht ertragen, als Mutter unvollkommen zu sein. Wenn sie einen Fehler hatte, dann den, dass sie nicht bereit war zu akzeptieren, dass sie – wie jede Mutter – manches falsch machte. Wenn sie das hätte akzeptieren können, dass sie auch manchmal oder in gewisser Hinsicht eine »böse«, das heißt unzureichende, Mutter war, dann hätte sie auf die Bedürfnisse des Kindes besser gehört, und sie hätte ihrem Mann mehr Einfluss eingeräumt. Aber dass es nun nicht so war, liegt nicht allein an Ursula Rein. Ihr Mann konnte ihr nicht ausreichend Sicherheit geben, ihre Eltern waren keine wirkliche Unterstützung, und sie orientierte sich an einem unrealistischen Mutterbild, das ihr die Gesellschaft anbot.

In der Zeit um den achten Monat, als Barbara anfing zu fremdeln, als sie zaghaft versuchte, der Mutter offenen Widerstand entgegenzusetzen, wurde der Zwang für einen Augenblick offenbar. Die Mutter nahm einen kleinen Löffel mit dem Brei, hielt ihn der Kleinen vor den Mund. Barbara presste die Lippen aufeinander. Das hatte sie noch nie gemacht. Die Mutter schob den Löffel langsam zwischen die Lippen, unaufhaltsam. Sie ließ überhaupt keine Wartezeit zu. Es war kein Einverständnis zwischen beiden, dass ein Machtkampf entstanden war, dass Barbara etwas wollte, was die Mutter nicht wollte. Es war nicht so, dass die Mutter den Sieg davontragen würde oder dass Barbara triumphierte. Es gab nachher keine Schuld und keine Schuldgefühle.

Ursula Rein überwand den Widerstand ihres Kindes nicht, sie machte ihn ungeschehen.

Mit der Linken hielt sie den Kopf der Kleinen: Das wollen wir gar nicht erst einreißen lassen.

Das war ein für das Kind bis dahin unbekannter Ton unmissverständlicher Eindeutigkeit. Die Kleine schluckte, was ihr eingeflößt wurde. Der zweite und dritte Versuch, die Lippen aufeinanderzupressen, waren schon deutlich schwächer. Die Mutter strahlte: Na also. Das muss doch nicht sein.

Ursula Rein hatte sich mit ihrem Kind im Wagen auf dem Spielplatz im Park zu den Frauen gesetzt, die dort mit ihren Kindern zusammenkamen. Mit einer der Frauen, Beate, die auch eine Tochter hatte, fast gleich alt, hatte sie sich angefreundet.

Wenn mich mein Mann nicht angerufen hätte, säße ich immer noch in der Badewanne mit meiner Laura, meinte Beate und lachte etwas verlegen. In der Nacht bin ich ja auch kaum zum Schlafen gekommen. Mein Mann muss früh zur Arbeit und ich hole mir die Laura oft, schlafe noch mal ein Ründchen oder spiele mit ihr im Bett, bis die Windel tropft. Das macht mir oft Schuldgefühle. Mein Gott, habe ich es gut! Aber, na ja, die Nacht war ja auch kein Vergnügen.

> Beate gibt sich ganz ihrem Vergnügen hin, das sie mit ihrem Kind hat. Aber weil Beate bei diesen Spielen ihrer Lust folgt, kann sie in ihrem Inneren unterscheiden, was sie für sich und was sie für das Kind tut. Man merkt es auch daran, dass sie von sich selbst sprechen kann. Sie kann ihr Befinden von dem des Kindes unterscheiden.

Mitten in der Nacht wollte die kleine Laura unterhalten werden, manchmal immerzu gefüttert werden, dann wieder lange Stunden nicht. Es war ihr eine Lust, die Mutter herbeizuholen, wann immer sie wollte. Sie musste nur laut schreien.

Manchmal aber war auch Schmerz, alles um sie herum war bedrohlich und die Angst schlug über ihr zusammen. Dann gab es nur eine böse Mutter, die bedrohlich war wie alles. Wohin dann? Alles war schrecklich. Aber die Mutter ließ sich davon nicht beirren und in ihren weichen Armen, gegen die sie sich so wehrte, wich allmählich die Angst.

> Beate hat das sichere Gefühl, dass sie nicht so böse ist, wie das Kind sie vielleicht im Augenblick sieht. Sie ist auch nicht hilflos.

Nach einiger Zeit flüchtete sich Laura in solchen Zuständen manchmal zum Vater mit dem kratzigen Gesicht und den starken Armen. Dann war Laura eine Königin und die Mutter musste um sie werben.

> Irgendwann wird Beate nicht mehr so wohlwollend reagieren, wenn Laura zum Vater rennt, um bei ihm über die Mutter zu triumphieren.

Barbara lernte laufen, sprechen und die Körperfunktionen zu kontrollieren, sie machte wenig Schwierigkeiten. Eine nervenaufreibende Trotzphase ersparte sie ihrer Mutter. Später wird Barbara allerdings einige Male namenlose Wut aufkommen spüren. Sie wird als Achtjährige eines Tages ihr Kaninchen in einen Sack stecken und so lange gegen die Wand schlagen, bis Blut durchsickert und das Kaninchen aufhört zu zappeln. Tief in der Mülltonne wird sie den blutigen Sack begraben und ihrer Familie erzählen, dass das Kaninchen beim Spielen weggelaufen sei.

Barbara war drei Jahre alt, als sie öfter einen Alptraum hatte: Ein Mann will ihre Mutter umbringen. Sie ist dabei und kann nichts tun. Sie wacht nachts schreiend auf, kann aber ihrer Mutter den Traum nicht erzählen. Es dauert Stunden, bis sie sich beruhigt hat und wieder einschläft. Die Mutter ist beunruhigt, sie fragt sich, ob mit ihrem Kind etwas Ernsthaftes nicht stimmt. Das Kind sieht den sorgenvollen Blick der Mutter. Den versteht es so, dass die Mutter etwas an ihm missbilligt. Es denkt: Die Mama mag mich nicht.

Einige Zeit später bemerkte Barbara, dass die Eltern in einem Bett schliefen, während sie allein schlafen musste. Die Eltern stritten oft, so wie sie mit ihr oder anderen Menschen nicht stritten. Oft hörte Barbara lautes und böses Sprechen, das aus dem Schlafzimmer drang.

> Die Natur hatte ihr eine Ahnung davon gegeben, was die Geschlechter miteinander machen. Das Problem war, dass dies von Distanz und Kälte begleitet zu sein schien: Wenn man in einem Bett schläft, sich anschreit und das Gesicht verzieht, ist es das, was zwischen Mama und Papa dann passiert?

Barbara war verwirrt. Die Mama war schön und mächtig. Der Papa war ein großer schöner Mann. Ein Mann ist etwas anderes, etwas Interessantes. Aber er war fast immer weg. Mit dem Leben der kleinen Barbara hatte er nichts zu tun. Er kleidete sie nicht, fütterte sie nicht, ging mit ihr nicht auf den Spielplatz, er hatte ein ganz anderes Leben. Die Mama kannte beide Leben. Aber sie sprach nicht vom Papa, sie bezog sich nicht auf ihn, also war er für das Leben der kleinen Barbara nicht wichtig. Und auch die Mama brauchte den Papa offensichtlich nicht, etwa zum Küssen und zum Streicheln und für all die Dinge, die schön sind. Das konnte Barbara an ihr erkennen.

Immer wieder freute sie sich auf ihren Papa und bekam doch keine Antwort. War sie ihm lästig? Voller Enttäuschung flüchtete Barbara sich immer wieder zur Mutter. Nein, sie war für den Papa nicht interessant.

In den Kindergarten wollte Barbara anfangs nicht gehen. Die Erzieherinnen empfahlen der Mutter, mit dem Kind noch ein Jahr zu warten. Aber Ursula Rein war inzwischen erneut schwanger geworden und innerlich schon sehr mit dem neuen Kind beschäftigt. Die Schwangerschaft war für sie diesmal eine Zeit großer innerlicher Ausgeglichenheit, und der Umgang mit Barbara war leichter.

Niemand bemerkte, dass es gerade das war, was dem Kind schließlich ermöglichte, sich auf die neue Umwelt des Kindergartens einzulassen.

Barbara freute sich mit ihrer Mutter auf das Schwesterchen. Aber als es dann da war, wurde es für sie doppelt schwierig. Die Mama war nicht mehr so gut gelaunt. Sie fing wieder an, sich Sorgen zu machen, und zwar um Barbara, war aber für sie nicht mehr so verfügbar wie früher. Es war ein unentwirrbares Knäuel von Gefühlen, die überdies alle tief im Herzen verschlossen werden mussten. Am meisten war Barbara um die Mutter besorgt, wenn sie merkte, dass sie Angst hatte, und das geschah wieder häufiger.

Ursula Rein konsultierte ihren Arzt, weil Barbara einige Wochen nach Cornelias Geburt wieder angefangen hatte, ins Bett zu machen. Barbara schämte sich sehr dafür und versuchte oft, es zu vertuschen. Ihre Kuscheltiere seien es gewesen, sagte sie. Dann vermutete sie, dass es Cornelia gewesen war, die doch immer in die Windeln machte.

Der Kinderarzt kannte die oft unbegründete Besorgtheit der Mutter. Er wiegelte ab: Alle Kinder machen Schwierigkeiten. Sprechen Sie mit dem Kind, fragen Sie es, was es bedrückt, war seine Empfehlung an Frau Rein.

Wenn du ins Bett machst, bist du traurig, warum?, fragte sie. Aber Barbara hatte nicht gelernt, sich Gedanken über sich zu machen.

Du musst immer Essen machen, putzen, für Cornelia Windeln machen, sagte sie zum Beispiel, und manchmal bist du traurig. Die Mutter war erstaunt und gerührt über diese Antworten. Sie hatte ein ungewöhnlich reifes Kind, das sich ernsthafte Gedanken über seine Umwelt machen konnte.

> Die Mutter bemerkte nicht, dass Barbara über die Mutter nachdachte und dabei ihr kleines Selbst ins Hintertreffen geriet. Für ihre Entwicklung hätte es Barbara gebraucht, sich als Mittelpunkt ihrer kleinen Welt sehen zu dürfen.

Nachdem sie sich einmal an den Kindergarten gewöhnt hatte, ging Barbara gern dorthin. Mit den Kindern konnte sie ganz anders spielen als mit der Mama, mit ihnen konnte man auch zanken. Das war mindestens ebenso aufregend. Man konnte eine die beste Freundin nennen und dann konnte man sie wegschubsen und zu einer anderen gehen. Aber es machte auch Angst. Oft gab es bei solchen Gelegenheiten ganz plötzlich einen Knacks, und Barbara musste weinen.

Was ist denn los? Erzähl mal, sagte die Erzieherin und nahm die Kleine in den Arm.

Die Franzi …, schluchzte Barbara.

Luise, die Erzieherin, sprach beruhigend auf Barbara ein, wollte aber gar nicht genau wissen, was die Franzi gemacht hatte und dass es den Knacks gegeben hatte.

Meine Mama hat gesagt, dass die Cornelia ganz schlimm krank ist und sie hat geweint, flüsterte Barbara, kaum zu verstehen.

Die Erzieherin guckte ernst: Ist das wieder eine von deinen Geschichten?

Das Kind weinte und gab keine Antwort.

Stimmt das oder ist das erfunden?

Barbara wurde still. Plötzlich stockten die Tränen. Sie drehte sich um und flüsterte: Ich soll es nicht sagen.

Doch die Erzieherin war nun besorgt. Ich werde deine Mutter fragen.

Nein, bitte nicht. Sie weint dann wieder, sagte Barbara.

Barbara guckte die Erzieherin mit traurigen Augen an.

Ursula Rein schlug die Hände über dem Kopf zusammen und weinte wirklich, als Luise Schmitt ihr die Geschichte erzählte. Dann wurde sie ernst und abweisend. Die Erzieherin war erschrocken. Stimmte es doch?

Zu Hause sprach die Mutter mit Barbara: Du darfst solche Ge-

schichten nicht erzählen. Cornelia ist nicht krank. Und ich habe auch nicht geweint, sagte die Mutter.
Doch, du hast geweint, sagte Barbara.
Barbara sah die Mutter an, weinte fast wieder. Vielleicht stimmt das doch mit der Cornelia. Es wäre jedenfalls eine gute Erklärung dafür. Und es wäre überhaupt eine gute Erklärung für alles, wenn die Cornelia krank wäre.
Und wenn die Cornelia doch krank ist, trumpfte sie auf. Und du weißt es nur noch nicht.
Die Mutter war erschrocken und unsicher. Sie nahm Barbara in den Arm.
Barbara beschloss, wieder zu weinen. Sie schluchzte und sank in sich zusammen.

> Barbara hat Probleme mit der Schwester und denkt sie sich darum krank. Das ist ein ernstes Symptom, wenn es andauert, weil Barbara keine andere Form der Konfliktlösung für ihre Eifersucht weiß, als die Schwester sterben zu lassen. Eine konstruktive Form wäre, sich mit der Schwester zu streiten, die Eltern durch Charme für sich einzunehmen, als die Ältere mehr Verantwortung zu übernehmen usw. Diese anderen Formen sind sozial verträglicher. Die Lösung Barbaras ist destruktiv und nur auf Kosten ihrer Realitätswahrnehmung möglich. Später, in der Psychose, wird sie es wieder so machen.

Als die Kinder im Bett waren, erzählte Ursula Rein die Geschichte ihrem Mann. Er kannte ähnliche Geschichten Barbaras, dass er einen schweren Verkehrsunfall gehabt und ein Bein verloren habe, die Großmutter blind sei, die Schwester adoptiert usw.
Ist doch nicht so schlimm. Barbara denkt sich eben so was aus.
Du nimmst die Sache gar nicht ernst, war die Antwort seiner Frau.

> Barbara war eng an die Mutter gebunden. Den Vorteil, dass sie dafür ganz über die Mutter verfügen konnte, hatte sie mit der Geburt Cornelias zunächst eingebüßt. Geschichten von Cornelias Krankheit und Tod waren so eine fantasierte Lösung dieses Dilemmas.

> Zugleich konnte Barbara damit ihren (unbewussten) Hass auf die Mutter von dieser weg auf Cornelia lenken. Sie hat mit diesen Geschichten auch indirekt auf sich selbst und ihre Krankheit aufmerksam gemacht, wenn man nur annimmt, dass sie auch mit Cornelia identifiziert war. Ein Positives aber hatten die Geschichten von der Krankheit Cornelias: Sie waren auch Ausdruck von Kreativität.

In der Schule hörten die Erfindungen Barbaras auf. Sie ging einigermaßen gern zum Unterricht und lernte auch gut. In der Anfangszeit nervte sie allerdings die Lehrerin mit der ständigen Bitte, auf die Toilette gehen zu dürfen. Die Mutter wurde deswegen öfter in die Schule zitiert, aber auch sie war machtlos. Wenn sie mit ihrem Mann darüber sprach, schwieg er meist.
  Nun sag doch mal was dazu! Du nickst, als wärest du damit einverstanden. Wir müssen etwas dagegen tun, regte sie sich dann auf.
  Untersuchungen beim Urologen, die peinlich und schmerzhaft für Barbara waren, brachten nichts.

> Ein anderes Symptom, mit dem Barbara vieles zugleich ausdrücken konnte: Sie konnte die Lehrerin ärgern, darauf hinweisen, dass sie in gewisser Weise noch sehr klein war und dass sie ein Problem hatte.

Als nach zwei Jahren eine neue Lehrerin die Klasse übernahm, hörten die ständigen Toilettengänge, die Barbara schon zum Gespött der Mitschüler gemacht hatten, schlagartig auf.

> Vielleicht, weil sie diese Lehrerin mochte.

Barbara war sehr ordentlich. Auf ihren kleinen Schreibtisch musste ständig die von ihr gewählte Ordnung herrschen, wenn es anders war, bekam sie Panikanfälle. Sie hatte einige Stofftiere, die immer den gleichen Platz in ihrem Bett bekamen. Manchmal schlug sie ihre Kuscheltiere: Du bist böse, ganz böse. Du hast nicht ordentlich gegessen. Darum kriegst du Haue.

Aber davon wusste niemand etwas.

Aus dieser Zeit stammte auch die Freundschaft zu Lucie, die in die gleiche Schulklasse ging wie Barbara. Lucie war ein sanftes, von Natur aus fröhliches Mädchen und Barbara war voller Bewunderung für ihre Freundin.

Als Barbara, fast vierzehnjährig, das erste Mal die Regelblutung hatte, klärte die Mutter sie auf. Es war bei einem Gang durch die Stadt: Das wirst du jetzt jeden Monat haben. Das Blut entsteht, weil die Schleimhaut in der Gebärmutter abgestoßen wird, wenn die Frau nicht schwanger ist. Wenn du mal ein Kind hast, bleibt die Blutung aus. Daran erkennst du das dann. Barbara sagte nichts.

Du kannst ein Kind kriegen, wenn du mit einem Mann zusammen bist. Aber das solltest du nur machen, wenn du den Mann auch wirklich liebst. Die Liebe ist das Schönste in deinem Leben. Körperliche Liebe ist nur schön, wenn auch die seelische Liebe da ist. Wieder machte die Mutter eine Pause.

Bei den Männern ist das anders. Viele wollen die körperliche Liebe, ohne die Frau wirklich zu lieben. Pass gut auf! Sie tun so, als seiest du die Einzige, und dann merkst du, dass du nur fürs Bett interessant bist.

Ja, Mama, ich weiß das doch schon, versuchte Barbara die Mutter ein wenig zu beruhigen.

Aber ich muss dich doch auch vor den Gefahren warnen. Sag mir später nicht, ich hätte dich nicht aufgeklärt. Das mit einem Mann ist nicht immer schön. Manchmal tut es einem weh, und die Männer wollen es trotzdem. Und wenn du es nicht machst, dann gehen sie zu einer anderen. Mit deinem Vater hatte ich auch das Problem.

Aber Mama, das will ich nicht wissen.

Dein Vater hat noch ganz andere Dinge von mir verlangt, ereiferte sich die Mutter. Er hat es auch mit dem Mund gewollt. Es war grauenhaft.

Barbara blieb stehen. Sie schnappte nach Luft, immer schneller wurde ihr Atem. Schweiß trat ihr auf die Stirn, sie zitterte am ganzen Leib. Voller Angst schaute sie die Mutter an.

Kind, was ist los? Barbaras Hände verkrampften sich und sie sank zu Boden. Menschen blieben stehen. Irgendwer benachrichtigte die Polizei. Das Martinshorn eines Krankenwagens war zu hören. Die Mutter kniete völlig außer sich neben der leblosen Barbara, die das Atmen ganz eingestellt hatte.

Im Krankenhaus kam Barbara schnell wieder zu sich. Hyperventilationstetanie, nannte es der Arzt. Schicken Sie Ihre Tochter mal zum Psychiater! ergänzte er.

Man gab ihr ein Beruhigungsmittel, das sie schläfrig machte.

Am Abend erzählte Ursula Rein ihrem Mann von dem Anfall, den Barbara bekommen hatte. Sie erwähnte auch das Aufklärungsgespräch. Ihren Bericht schloss sie mit der Bemerkung: Ich konnte ihr ja nicht verheimlichen, wie schlecht es um unsere Beziehung steht. Sie hat sich so über dich entsetzt, dass sie diesen Anfall bekommen hat. Und dann ergänzte sie: Ich muss dir leider sagen, dass ich volles Verständnis für sie habe.

Barbara zieht mit ihrem Anfall die Notbremse. Damit kann sie die Mutter zum Schweigen bringen. Man bekommt Wut auf die Mutter, die hier ganz offensichtlich ihre Tochter missbraucht. Wir können aber auch versuchen, die Mutter zu verstehen. Die hat nämlich große Angst, Barbara zu verlieren. Ihre eigenen sexuellen Schwierigkeiten, die ihr ihren Mann fremd machen, unterstellt sie auch Barbara. Unterschwellig will sie ihr sagen: Wir mögen das nicht, wir brauchen eigentlich keinen Mann, wir haben uns.

Barbaras Versuch, selbstständig zu werden

Als sie noch nicht so tief in ihren Schwierigkeiten steckte, machte Barbara einige Male den Versuch, sich von ihrem Elternhaus abzusetzen. So hatte sie eines Tages die Idee, über Ostern zur Familie ihrer Tante zu fahren. Tante Renate wohnte mit ihrer Familie in der Nachbarstadt.

Natürlich, wenn du willst, sagte die Mutter.

Es waren noch viele Wochen bis Ostern.

Hast du schon mit Tante Renate gesprochen? Nein? Dann tu es bald, sonst nehmen sie sich etwas vor.

Am nächsten Tag meinte die Mutter: Ich habe mit Tante Renate gesprochen. Sie findet es eine gute Idee, wenn du mal kommen würdest. Ich hab ihr auch erzählt, dass wir Ostern in der Familie feiern wollen. Wir können es uns zu Hause gemütlich machen. Papa hat einige Tage frei.

Ich dachte, gerade an Ostern könnte ich fahren, wandte Barbara ein. Kannst du auch. Wenn du meinst. Tante Renate sagte jedenfalls, du könntest auch ein anderes Mal kommen. Ich fände es einfach schön, wenn wir Ostern zusammen sind, die ganze Familie.

Barbara hat nicht angerufen und weder für Ostern noch für später einen Besuchstermin vereinbart. Als es dann Ostern gar nicht gemütlich wurde, Cornelia dringende Termine vorschob, Barbara gegen jeden Vorschlag etwas einzuwenden hatte, meinte die Mutter beleidigt: Wir hatten vereinbart, gemeinsam etwas zu machen. Ich habe mir solche Mühe gegeben, die Ostertage für alle angenehm zu gestalten. Und zu Barbara sagte sie: Wenn du jetzt keine Lust hast, hättest du ja auch wegfahren können.

> Die Mutter hat Angst, ohne Barbara zu sein. Andererseits wünscht sie ihrer Tochter, dass sie diesen Ausflug macht. Ihr Manöver, mit diesen beiden gegensätzlichen Regungen klarzukommen, ist, dass sie versucht, alle Angelegenheiten von Barbara zu kontrollieren.

Es ist schlechtes Wetter, meinte der Vater.
Diesen Kommentar hättest du dir sparen können. Kein Wunder, dass die Kinder nicht wollen, erregte sich die Mutter. Schließlich machte die Familie, jeder schlecht gelaunt, den von der Mutter geplanten Osterspaziergang. Nur Cornelia schaffte es, zu Hause zu bleiben.

Mit fünfzehn hatte Barbara einen ersten Verehrer. Es war ein Junge aus ihrer Klasse, ein Jahr älter. Er lud sie zu einem Kinoabend ein. Um 20 Uhr begann der Film und gegen 22 Uhr würde er zu Ende sein. Die Mutter hatte nichts dagegen. Denis, so hieß der junge Mann, verabredete sich mit Barbara vor dem Kino.

Er war ein blonder Junge, über den man nicht viel sagen konnte. Ein Draufgänger war er nicht. Er fand den Film nicht besonders interessant und war mehr damit beschäftigt, was Barbara von ihm erwarten könnte. Was macht man mit »seinem Mädchen« im Kino? Einer seiner Freunde hatte damit geprahlt, dass er dem Mädchen an den Busen gegangen war.

Soll ich deine Jacke nehmen?, fragte Denis.

Nein, antwortete sie.

Hier, sagte er und hielt ihr die Popcorntüte hin. Barbara nahm sich Popcorn.

Barbara sah gern Liebesfilme, in denen Menschen sich küssten und liebten. Aber als sie die Hand von Denis auf ihrem Knie spürte, kam ihr nicht die Idee, dass das etwas Ähnliches sein sollte wie im Film. Barbara konnte mit dem, was sich in ihr rührte, nichts anfangen.

Nach dem Film gingen sie wortlos nach Hause, und kurz vor der Verabschiedung versuchte Denis ihr schließlich – etwas fantasielos – einen Kuss auf den Mund zu geben. Es gelang halbwegs, weil Barbara sich nicht wehrte. Aber sie erwiderte den Kuss auch nicht. Denis wusste nicht, was er davon halten sollte. War es eine Eroberung?

Zu Hause fragte Cornelia: Wie war's? Findest du ihn nett?

Ja, antwortete Barbara ebenso ehrlich wie unbeteiligt. Sie konnte nicht sagen, ob sie die körperliche Nähe zu Denis angenehm fand. Wenn sie versuchte, sich das klarzumachen und eine Antwort zu geben, redeten ihr ständig Mutter und Vater dazwischen.

Mutter: Unanständig!

Vater: Nein, Denis ist cool!

Mutter: Frauen sind kostbare Geschöpfe. Sie müssen beschützt werden.

Vater: Haha, dass ich nicht lache! Frauen genießen auch.

Mutter: Grobian!
Vater: Scheiße!
Es waren noch keine wirklichen Stimmen, es waren mehr unabweisbare Gedanken. Diese Gedanken-Stimmen redeten für sie. So kam sie nicht dazu, sich eine Meinung zu bilden, ja nicht einmal, sich eines eigenen Gefühls bewusst zu werden.

Barbara hat nicht nur eine altersgerechte Scheu vor der Sexualität, ihr Problem damit geht noch weiter. Die Sexualität verlangt innere Unabhängigkeit, also Abgrenzung von den Eltern. Aber wenn Barbara sich innerlich unabhängig machen will, wird ihr Selbst instabil. Sie kann die Sexualität nicht mit ihren seelischen Strukturen in Einklang bringen. Das äußert sich hier noch darin, dass dazu sehr widersprüchliche Gedanken auftauchen, die sie nicht zusammenbringen kann. Ist die intime Freundschaft mit einem Jungen gut oder ist sie nicht gut? Barbara schreibt diesen Widerspruch allerdings den Eltern zu, so kann sie ihn besser ertragen. Es erscheint ihr nun so, dass nicht sie gespalten ist, sondern dass die Eltern sich nicht einigen können. Später, als sie psychotisch wird, nimmt das dramatische Formen an.

Barbara ging am nächsten Tag in die Schule, als sei nichts geschehen. Die unsichere Haltung von Denis, der ihre Nähe suchte und von ihr Zeichen der Intimität erwartete, verstand sie nicht. Nach einer Woche sah sie Denis, eng umschlungen mit einer anderen. Dieses Bild, wie das Mädchen die Arme um Denis schlang, löste etwas in ihr aus. Eigentlich hätte sie weinen oder schreien müssen. Aber bevor diese Gefühle von Neid und Eifersucht sie hätten quälen können, waren sie schon verdrängt. Ihr Mund wurde noch etwas schmaler als sonst und sie begann wenig später mit ihren Diätplänen. Mit einem Jungen ging sie viele Jahre nicht mehr aus.

Es lohnt sich, die Sache genauer zu betrachten. Barbara hat ein altersgerechtes Interesse an Jungen. Sie lässt sich gern einladen. Aber als Denis Annäherungsversuche macht, bekommt sie Angst. Den Grund dazu habe ich eben erläutert. Sie verdrängt das Interesse und tut so, als wüsste sie nicht, worum es geht. Das Problem ist aber, dass damit das Interesse nicht beseitigt ist, es bleibt unbewusst. Als Barbara nun sieht, dass Denis mit einer anderen macht, wozu sie nicht in der Lage ist, entstehen Enttäuschung und Aggression. Da aber alles unbewusst abläuft, können sich die Enttäuschung und Aggression nicht direkt bemerkbar machen, sie brauchen ein Ventil.

Dieses Ventil fand sie in den Diätplänen. Barbara wählte damit eine Lösung, die eine Rückkehr zu kindlichen Verhaltensweisen darstellt. Anstatt sich mit der Sexualität zu beschäftigen, wählte Barbara das Essen. Das ist wie die Sexualität ein Triebbedürfnis. Damit kehrte sie auch zu dem Konflikt zurück, aus dem alles entstanden ist, nämlich den Beziehungsproblemen mit der Mutter.

Möglicherweise entstand zunächst ein unstillbares Verlangen, zu essen, das heißt, sich bei der Mutter die Triebbefriedigung zu holen (Essen ist immer mit der Mutter verbunden), die sie bei Denis nicht bekommen konnte. Weil aber die Aggression gegen die Mutter zu stark war, führte das zur Verweigerung des Essens, also zu einer Anorexie. Die Diätpläne und die Anorexie sind somit Versuche, die Triebhaftigkeit, das heißt hier die Sexualität und die Lust am Essen, aber auch die Enttäuschung und Wut wegen Denis' Verhalten, irgendwie zu bewältigen.

Sie hatte sich in den Garten gesetzt, zusammengekauert, noch leicht verschlafen. Die Sonne schien und es war warm. Sie hatte nicht gefrühstückt, nippte an einem Glas Wasser. Barbara hatte das Gefühl, dass sie weg musste. Irgendwohin. Es war mehr ein dumpfes Gefühl als ein Gedanke. Frei sein. Andererseits hatte sie auch Angst davor. Sie hätte nicht gewusste, wohin sie gehen sollte, was sie dann tun sollte, womit sie sich beschäftigen sollte, ganz allein. So saß sie in der Sonne und ließ es auf sich beruhen.

Hinter dem großen Terrassenfenster sah sie ihren Vater. Er stand dort und lächelte ihr zu. Sie lächelte zurück. Der Vater war im Morgenmantel, noch unrasiert. Es war Sonntag. Wie ermuntert durch das Lächeln seiner Tochter, öffnete er die Terrassentür, trat hinaus und ging die paar Schritte auf Barbara zu. Der Vater sah mehr ihre Gestalt als ihre Reaktion. Barbara hatte große, tief liegende Augen. Ihr Mund war schmal, wohl zu schmal. Wie sie da so in sich versunken saß, schien sie mit ihrer Blässe und den langen Haaren wie durchsichtig.

Der Vater schaute auf sie herab. Sein Gesicht drückte Zufriedenheit aus, ein bisschen bewunderndes Erstaunen über das Wesen, das ihm mit einem Ausdruck des Erkennens so nahe kam. Er empfand einen vagen Triumph. Seine Frau war nicht anwesend, niemand störte diesen Anflug von Nähe zwischen seiner Tochter und ihm.

Es ist schön in der Sonne, sagte Barbara.

Er schaute sie an, lächelte.

Sie kann doch ganz normal sein, wenn sie mit mir redet. Das sollte ihre Mutter zur Kenntnis nehmen.

Als sie ihn so ansah, hätte sie ihm gern etwas von ihren Gedanken erzählt, dass es sie wegzog, dass sie zu Hause so unglücklich war. Aber dann, in seinen Schritten, in seinem Gesicht war so wenig Neugier auf sie. Es war ein verhaltenes Lächeln auf seinem Gesicht gewesen, aber doch nur, weil er mit sich zufrieden war. Barbara spürte das alles, dass das Lächeln gar nicht ihr galt, und so war die flüchtige Absicht, ihre Gedanken auszusprechen, schon wieder erstorben. Sie sank in sich zusammen. Der Vater bemerkte die Veränderung und war enttäuscht.

Man kann draußen sitzen, sagte er. Aber Barbara gab keine Antwort. So drehte sich der Vater um, holte sich einen Stuhl und die Wochenendausgabe der Zeitung. Er las. Es war fast eine Stunde vergangen, als die Mutter zum Frühstück rief.

> Wenn Barbara sich von der Mutter weg und dem Vater zuwendet, dann lernt sie, ohne die Bindung an die Mutter auszukommen (auch die Mutter übt die Trennung). Das funktioniert aber nur dann, wenn der Vater die innere Bindung seiner Tochter an die Mutter (und die Mutter das Interesse des Kindes am Vater) respektiert.
>
> Bei den Reins hat das im Hinblick auf Barbara nicht funktioniert. Der Vater ist nicht wirklich an Barbara interessiert. Er will ein guter Vater sein, aber nicht, damit es der Tochter gut geht, sondern damit er sich selbst gut fühlen kann. Er ist sich dessen aber nicht bewusst.

Das erste Mal war es an einem Sonntag. Barbara zog sich an, griff nach ihrem Geld, fuhr mit dem Bus zum Bahnhof, mit dem Zug in die nächste Großstadt und dort in eine Jugendherberge. Sie benachrichtigte niemanden. Es war ein euphorisches Gefühl: endlich frei, endlich ohne ständige Rücksicht auf irgendjemanden, ohne Verpflichtung. Die Passanten auf der Straße schauten sie herausfordernd an. Sie ging entschlossen durch die Straßen, wenn auch ohne Ziel, geschäftig, wenn auch ohne Aufgabe. Natürlich dachte sie daran, dass man sie vermissen würde. Man würde sich Sorgen machen. Aber dieser Gedanke war von einer grimmigen Genugtuung begleitet.

Der erste Ausflug in die Freiheit dauerte nicht lange. Noch in der Nacht rief sie kleinlaut die Mutter an, die sie sofort abholte.

Barbara wiederholte dieses Ausreißen viele Male. Immer ging es ihr um diesen Kick, ein freier und eigener Mensch zu sein, aus den Fesseln der Beziehungen gelöst. Es waren Stunden, in denen Barbara einen Zustand erreichte, der anderen Menschen selbstverständlich ist. Sie war erwachsen und frei. Aber Barbara konnte sich diese Freiheit nur stehlen.

Die Familie sah in jedem dieser »Ausflüge« eine Drohung: Zu euch komme ich nicht zurück. Beim ersten Mal begriffen die Eltern erst, was passiert war, als Barbara anrief. Später entstand die Befürchtung, dass Barbara weggegangen war, um sich umzubringen. Das war jedoch nicht Barbaras Absicht. Als ihre Krankheit schon weit fortgeschritten war, dachte sie zwar an Selbstmord. Die Gewissheit, den Tod wählen zu können, war Freiheit. Aber das hatte mit den Ausflügen nichts zu tun. Denn wenn sie ausriss, hatte sie die Freiheit schon gewählt und auch realisiert. Wozu sollte sie sich dann noch umbringen?

Die Familie konnte die Lust Barbaras an ihren Ausflügen nicht nachempfinden. Es lohnt sich, zu fragen, warum nicht. Warum erzeugte die junge Frau bei ihrer Familie die Fantasie, dass sie wegging, um zu sterben? Nichts veranschaulicht die tragische Beziehung zwischen Barbara und ihrer Familie so sehr wie dieser Sachverhalt.

Die anfängliche Euphorie nach dem Ausreißen wich meistens schnell einer tiefen Depression. Barbara lag dort, wo sie sich einquartiert hatte, auf dem Bett, aß und trank kaum etwas und hatte das sichere Gefühl, dass ihre Mutter hinter ihr stand. War es eine Halluzination? War es nur ein Gefühl? Barbara sprach nicht mit dieser Mutter. Sie lag schweigend auf ihrem Bett, dumpf und in sich verschlossen. Die Mutter stand im Raum, schweigend, drohend, böse. Stunde um Stunde verbrachte sie so. Nachts schlief sie unruhig, traumlos. Sie hatte keine Gewissensbisse, kein Gefühl der Schuld. Sie führte auch keinen inneren Monolog mit der Mutter. Sie fragte sich auch nicht, ob sie wieder zurückkehren sollte. Sie lebte dumpf mit gar keinen Gedanken.

> Die seelische Verfassung von Barbara war schon so, dass sie gar nicht allein leben konnte. Sie wurde depressiv.

So lebte Barbara ohne Umgang mit Menschen einige Tage, manchmal sogar Wochen. Dann hatte die Mutter sie gefunden und holte sie zurück nach Hause. Meist fiel kein böses Wort zwischen den beiden.

Nur einmal dauerte ein Ausflug etwas länger. Barbara hatte reichlich Geld mitgenommen und brachte es fertig, sich in einer Wohngemeinschaft einzumieten. Diesmal brachte auch der Spürsinn der Mutter nichts. Sie blieb verschollen. Jetzt hatte sie sich bestimmt umgebracht. Bis eines Tages ein Brief kam, nicht an die Eltern, sondern an den mit der Familie befreundeten Anwalt, an Robert, adressiert.

Liebe Mama, war da zu lesen, es geht mir gut. Sei mir nicht böse, dass ich euch ohne Nachricht gelassen habe. Ihr habt euch immer um mich gekümmert. Es tut mir darum leid, euch verletzt zu haben. Jetzt bitte ich euch, mir Geld zu schicken, damit ich mir etwas zu essen kaufen kann. In Liebe Eure Barbara.

Robert wandte sich an Frau Rein, die sofort nach der Adresse von Barbara fragte. Aber er machte geltend, dass Barbara nicht an ihn geschrieben hätte, wenn sie ihre Adresse hätte preisgeben wollen. Die Mutter hielt nichts von Schweigepflicht, aber was sollte sie machen? Verärgert gab sie Robert das Geld, und der fuhr zu Barbara, um es zu überbringen.

Er traf sie in der Wohnung an. Das Zimmer war klein und dunkel. Es gab keine Möbel, nur eine Matratze mit Bettzeug, daneben eine Zeitung und eine Flasche Mineralwasser. An der Seite standen ordentlich aufgereiht einige Plastiktüten, deren Inhalt Robert verborgen blieb. An Barbara selbst fiel ihm nichts Besonderes auf. Sie wirkte gepflegt, obwohl sie keine Kleider mitgenommen hatte.

Barbara schien sich zu freuen. Nachdem Robert erklärt hatte, was seine Mission war, bemerkte er: Hast du dich in der Stadt etwas umgesehen? Nette Menschen kennengelernt?

Nein, ich gehe nicht nach draußen, antwortete Barbara.

Deine Mutter möchte wissen, wie du hier lebst, und vor allem möchte sie deine Adresse haben. Ich will aber nicht ohne dein Einverständnis sagen, wo du bist.

Sagen Sie meiner Mutter nicht, wo ich wohne, bat Barbara.

Sie wird mir böse sein. Das kann ich aushalten. Aber ich frage mich, ob dir damit gedient ist. Wie soll es weitergehen?

Ich weiß nicht, sagte Barbara und schwieg.

Komm, wir gehen essen, schlug Robert vor. Barbara führte ihn in ein vegetarisches Restaurant.

Warum bist du denn weggelaufen?, meinte Robert beim Essen. Barbara aß weiter, ohne aufzusehen.

Gab es Schwierigkeiten?

Barbara sagte nichts.

Ich bin es gewöhnt, den Mund zu halten. Als Anwalt bin ich doch zu Verschwiegenheit verpflichtet.

Barbara schwieg weiter.

War es denn nicht möglich einfach auszuziehen, mit Zustimmung der Eltern?

Nein, entgegnete Barbara. Ich weiß nicht.

Was soll ich deiner Mutter sagen?

Dass es mir gut geht.

Robert war genervt. Warum bekam er denn keine Antwort, mit der er etwas anfangen konnte? Diese junge Frau machte ihn völlig hilflos. Das Ganze hatte er sich anders vorgestellt und seine Neugier auf diese merkwürdige junge Frau war zunächst einmal verschwunden. Er gab ihr das Geld und verabschiedete sich. Auf dem Rückweg rief er seine Frau an, plauderte mit ihr, nur um die Gedanken an Barbara loszuwerden.

> Barbara hatte Robert keine Antwort auf seine Fragen gegeben, weil sie keine hatte. Sie war, einer Eingebung folgend, weggelaufen, aber es war kein konkreter Plan gewesen, der sie aus dem Haus getrieben hatte. Auch das Zimmer hatte sie zufällig gefunden. Es ging ihr nicht um eine irgendwie akzeptable Zukunft. Sie wollte Freiheit. Aber sie hatte sich nicht einmal bewusst machen können, dass sie Freiheit von den Eltern wollte. Darum konnte sie auch nichts mit der Freiheit anfangen.

Den Bericht über den Zustand ihrer Tochter nahm Frau Rein ohne Kommentar und reserviert zur Kenntnis. Als Robert sich verabschiedet hatte, wurde die Mutter von unbändigem Zorn gepackt. Sie ging in Barbaras Zimmer, riss die Bilder von den Wänden, zog die Schubladen heraus und warf alles auf den Boden. Sie tobte und schrie. Immer wieder trampelte sie auf den Dingen herum. Erst nach Stunden beruhigte sie sich.

Wenig Tage später rief Barbara an und bat darum, abgeholt zu werden. Die Mutter tat es ohne Kommentar. In Barbaras Zimmer fehlte zwar einiges, doch war es wieder aufgeräumt.

Die Lebensäußerungen von Barbara wurden mehr und mehr von ihren Speisevorschriften und ihren Ängsten bestimmt. Doch hat sie nicht ganz ohne Widerstand die Waffen gestreckt. Zu einer Zeit, als die Krankheit noch nicht so fortgeschritten war, machte sie den Versuch einer Therapie. Der Entschluss war ganz ihr eigener gewesen. Der Mutter teilte sie ihre Absicht mit, und die hatte nichts dagegen.

Name und Adresse des Therapeuten suchte sich Barbara aus dem Telefonbuch. Es war ein freundlicher, noch ziemlich junger Psychologe. Er ließ sich das Anliegen und die Lebensgeschichte erzählen. Dann versuchte er mit ihr ein Thema zu bestimmen, an dem sie arbeiten könnten. Barbara schlug ihre Essprobleme und ihre Ängste vor.

In endlosen Wiederholungen erzählte sie dann doch von der Mutter.

Meine Mutter meint, dass ich studieren soll.

Dann hätte mein Herumgammeln auch ein Ende.

Meine Mutter hat sich erkundigt, was ich mit meiner Abiturnote studieren kann.

Ich will ja zur Uni gehen, aber ich schaffe es nicht.

Vielleicht versuche ich es nächste Woche. Ich könnte mich ja einfach in den Hörsaal setzen und schon mal zuhören.

Der Psychologe nahm die Sache zunächst einmal so, wie sie ihm vorgetragen wurde, folgte der Plausibilität der Argumente und konfrontierte Barbara mit der Frage: Warum tun Sie das, was Ihre Mutter will? Worauf er aber nie eine Antwort bekam.

Selbst noch jung, ergriff er innerlich schnell Partei für die junge Frau und versuchte, ihr die Bedenken zu nehmen, sich von der Mutter zu distanzieren.

Gehen Sie am Sonntag doch einfach mal aus, verabreden Sie sich mit einer Freundin und bleiben sie länger weg. Sie sind doch erwachsen. Reden Sie mit ihr. Erklären Sie ihr, dass sie als erwachsener Mensch Freiheiten brauchen.

Was ihn hätte stutzig machen sollen, war die Tatsache, dass Barbara nicht von den eigenen, also den inneren Schwierigkeiten, sich von der Mutter zu lösen, sprach, sondern immer wieder erzählte, was die Mutter sagte oder tat. Das verstand er so, dass die Mutter Barbaras schwache Versuche, sich selbstständig zu machen, offen oder weniger offen zunichte machte. Das war zwar richtig, aber es half ihr nicht, weil Barbara gar nicht wirklich von der Mutter sprach, sondern indirekt von sich selbst. Die Mutter hatte Schwierigkeiten, Barbaras Eigenständigkeit zu akzeptieren, aber Barbara selbst verurteilte sich für ihren Wunsch nach Freiheit und Unabhängigkeit.

Ein wirklicher Schritt in Richtung Autonomie wäre vielleicht möglich gewesen, wenn er Barbara hätte verstehen helfen, wie sie sich in der bequemen Abhängigkeit von der Mutter eingerichtet hatte. Sie wollte nur den Widerstand der Mutter sehen, aber nicht ihre eigenen Schwierigkeiten, den Zorn der Mutter zu ertragen. Sie wollte nicht sehen, wie viel Zorn sie ihrerseits auf die Mutter hatte, wenn auch nicht bewusst.

Aber die Sache entwickelte sich anders. Der Psychologe echauffierte sich und Barbara blieb ruhig. Er opponierte gegen die Mutter und Barbara hörte zu. Der junge Psychologe sprach zunächst kritisch, dann abfällig und schließlich denunzierend von ihrer Mutter.

Schließlich ließ er sich dazu verleiten, der Mutter einen Brief zu schreiben. Barbara braucht mehr Freiheit. Wenn Sie ihr diese Freiheit geben, werden auch die Schwierigkeiten, die Barbara mit sich und der Welt hat, verschwinden können, dann erst macht eine Psychotherapie Sinn, schrieb er.

Die Mutter war verärgert, dass sie an den Schwierigkeiten von Barbara die Schuld tragen sollte. Aber sie antwortete höflich: Ich kann nicht erkennen, dass ich oder jemand anderes aus der Familie daran schuld sein sollte, dass Barbara Probleme hat. Wir hatten gehofft, Sie könnten Barbara helfen, aus ihren Schwierigkeiten herauszukommen. Wenn Sie uns sagen, was wir tun können, um die Behandlung zu unterstützen, werden wir keine Mühen scheuen, das auch zu tun. Das kann ich Ihnen auch im Namen meines Mannes mitteilen. Mit freundlichen Grüßen.

Es gab einen zweiten Briefwechsel, nun gereizt. Die Mutter machte

Barbara keine Vorwürfe, fragte auch nicht, was sie dem Therapeuten erzählt habe. Barbara hatte ohnehin immer ziemlich detailliert darüber berichtet, was in den Therapiestunden besprochen worden war. Die offene Parteinahme des Psychologen für Barbara und gegen die Mutter hatte sie freilich verharmlost. Innerhalb kurzer Zeit war die Konstellation nun so, dass sich Barbara und der Psychologe darin einig waren, wie unmöglich die Mutter war, und Barbara und die Mutter sich darin einig waren, wie unmöglich der Psychologe war. Das Ganze ging über ein Jahr und endete dann sang- und klanglos damit, dass Barbara eines Tages einfach nicht mehr hinging. Den Brief des Psychologen, in dem er danach fragte, warum sie nicht weiter zur Therapie komme, beantwortete sie nicht.

> Barbara wollte die Therapie, sonst wäre sie nicht so lange dabeigeblieben. Auch die Mutter wollte sie. Und der Psychologe natürlich auch. Jeder dachte, Therapie sei, dass die Symptome verschwinden, also die Essstörung usw. Was keiner wahrhaben wollte war, dass diese Symptome für Mutter und Tochter notwendig waren, um das eigene Ich stabil zu halten. Die Symptome hätten nur verschwinden können, wenn sich auch die Beziehung zwischen Barbara und der Mutter – und damit auch der übrigen Familie – verändert hätte.

Nicht lange danach lief Barbara wieder weg. Aber diesmal zog sie Cornelia ins Vertrauen, und sie hatte einen Brief geschrieben, einen Abschiedsbrief.
 Vielen Dank für alles. Seid mir nicht böse. Ich liebe Euch alle. Barbara.
 Der Umschlag war mit »An Mama« beschriftet.
 Cornelia nahm ihn zur Kenntnis. Was willst du machen? fragte sie interessiert.
 Ich weiß noch nicht, ich gehe weg.
 Mama wird sich Sorgen machen, warf Cornelia ein, selbst nicht sonderlich besorgt. Soll ich was sagen?
 Auf keinen Fall! Ich komme nicht wieder, sagte Barbara, als ob das eine mit dem anderen etwas zu tun hätte.
 Cornelia ahnte, was Barbara andeuten wollte. Aber sie war zu jung, um den Ernst der Lage wirklich begreifen zu können.

Als dann die Mutter kam, war Barbara schon zwei Stunden weg. Sie las den Brief und schrie auf.

Die Polizei wurde verständigt, der Vater im Büro angerufen. Es vergingen Stunden bangen Wartens. Die Mutter war verzweifelt, rannte raus, kam wieder rein, telefonierte. Schließlich der Anruf der Polizei. Man hatte Barbara auf einer Brücke gefunden. Jetzt war sie im örtlichen psychiatrischen Krankenhaus. Die Mutter weinte, umarmte Cornelia. Immer wieder erzählte sie ihr die Geschichte, als ob Cornelia nicht dabei gewesen wäre. Cornelia selbst hörte aufmerksam zu. Dann, als sich die Mutter allmählich beruhigte, ging sie an ihre Arbeit. Sie konzentrierte sich auf das, was sie für die Schule machen sollte, und das gelang ihr auch.

Barbara war zu dieser Zeit gerade achtzehn Jahre alt geworden. Sie machte bald darauf das Abitur, aber überlegte nicht, wie es mit ihr weitergehen sollte. So verging mehr als ein Jahr. Die Mutter wurde unruhig und drängte ihre Tochter, zu studieren.

Irgendwas, meinte sie, Hauptsache, du tust was.

Barbara ging auch ein paar Mal in die Uni, betrat aber nie einen Hörsaal. Gedrängt von seiner Frau, führte schließlich auch der Vater ein ernstes Gespräch mit Barbara, in dem er sie aufforderte, nun endlich eine Entscheidung zu treffen, welche Berufsausbildung sie machen wolle. Aber die Dinge kamen anders.

Barbara wird psychotisch

Barbara war in den letzten Tagen unruhig gewesen, noch unruhiger als sonst. Sie hatte auch schlecht geschlafen. Immer wieder hatte sie einen Traum. Sie wollte nach Hause gehen und fand das Haus nicht. Dann sah sie es, es glich aber mehr einer Ruine. Sie lief hinein, weil sie dachte, dass es innen besser aussehen würde. Aber da war es noch schlimmer. Alles war verfallen und von grauem Staub bedeckt. Staub, von dem sie wusste, dass Ratten ihn hineingetragen hatten. Wenn sie durch das Haus lief, wirbelte der Staub so heftig auf, dass sie nichts mehr sehen konnte. Sie musste nach Atem ringen, drohte zu ersticken. Dann hörte sie ein lautes Männerlachen und wachte voller Panik auf.

> Man kann diesen Traum als ein Bild der inneren Verfassung von Barbara deuten. Es ist gewissermaßen die letzte Verteidigungsbastion vor der Psychose. Sie versucht, den beginnenden psychischen Zerfall in ein Bild zu bringen. Das ist ein Versuch, alles noch einmal zu integrieren.

Schließlich legte sich die Angst auch tagsüber kaum noch. Es war Angst, die Barbara mit nichts verbinden konnte. Wovor hatte sie Angst? Zunächst half Geschäftigkeit. Aber es fehlte ihr die Konzentration. Als sie zur Bank ging, um einen Überweisungsschein auszufüllen, war sie unfähig, die Bedeutung der Rubriken zu erkennen. Als ein Bankangestellter zu ihr kam, um ihr zu helfen, war sie sich sicher, dass er ihr Vorhaltungen machen würde. Er würde ihr sagen, dass sie alles falsch mache, und überhaupt, hier, wo ernsthafte und vernünftige Menschen ihren Geschäften nachgingen, habe sie nichts zu suchen. Er würde sie scharf angucken und laut aus den Räumen weisen. Wie er mit der Hand den anderen schon Zeichen gab! Sie ließ alles liegen und lief hinaus.

> Barbara kann nicht mehr sachlich denken. Sie bezieht alles auf sich, sieht sich im Mittelpunkt der Welt – wie ein kleines Kind. Sie erkennt in den Ereignissen Bedeutungen, die sie nicht haben. Zu erwachsenen, komplizierten psychischen Funktionen ist sie nicht mehr fähig.

Draußen war alles so laut, die Autos, die Menschen. Sie hielt sich die Ohren zu. Die Ampel sprang auf Rot. Sie konnte nicht weiter. Zurück? Aber wohin? Bei Rot über die Ampel? Hinter ihr, um sie her drängten die Menschen, kreisten sie ein. Vor ihr fuhren die Autos, ganz dicht am Bürgersteig. Gleich würden die Menschen sie auf die Straße drängen. Einer wird das Zeichen geben.

> Barbara verlegt die Angst, die sie wegen ihres Zustandes hat, nach außen.

Sie rannte los. Quietschen, Geschrei, wildes Hupen. Egal, sie rannte um ihr Leben. Sie würde sich nicht fangen lassen. Nein, sie gab nicht auf! Ein Gefühl des Triumphes überkam sie.
    Das war knapp gewesen. Fast hätten sie sie gekriegt. Aber sie war eben gewitzt. Die hatten die Rechnung ohne den Wirt gemacht!

> Dass sie sich selbst fast vor die Autos geworfen hätte, dass sie das Hupen und Bremsen verursacht hat, weil sie, ohne hinzuschauen, über die Straße rannte, das sieht Barbara nicht. Sie ist sich sicher, die wollten sie mit den Autos umbringen.

Sie wurde ruhiger. Barbara ging langsamer, betrachtete die Gegend um sich herum. Sie war im Zentrum der Stadt, zwischen hohen Häuserzeilen. Eine Straße ohne Geschäfte. In der Nähe war ein kleiner Park. Dorthin würde sie gehen.
    Es hatte angefangen zu regnen. Die Ferne der Menschen tat Barbara gut. Nur eine ältere Frau sah sie, die ihren Hund ausführte. Aber hier im Park war das Wetter sehr ungemütlich, es blies ein kalter, nasser Wind, der den Bäumen zusetzte. Sie bogen sich, stritten mit den Wol-

kenfetzen, die über den Himmel flogen. Es waren Giganten, die in den Himmel griffen, alles wegfegten, graue, weiße, schwarze Monstren. Das Geschrei des Windes tat ihr in den Ohren weh. Barbara war mitten in dieser Schlacht. Sie wuchs selbst zu einem Riesen. Sie war der Heerführer, siegreich. Sie triumphierte.

> Auch das sind Projektionen ihres inneren Streites. Hoffnung, dass sie die innere Krise überwinden wird, wechselt mit Verzweiflung.

Sie fühlte den Regen auf ihrer Haut. Jeden Tropfen fühlte sie. Allmählich wurden die Tropfen stärker. Sie trafen sie mit zunehmender Kraft. Es war ein Hagel von Geschossen. Den Wind empfand sie wie eine Mauer, die sich ihr entgegenstellte, den Himmel wie eine finstere Masse, die gleich auf sie herabfallen würde. Wohin? Was könnte sie schützen? Barbara wollte schreien, hob die Arme.

Was ist denn los, junge Frau?, hörte sie eine Stimme. Die alte Frau mit dem Hund stand neben ihr und lächelte aufmunternd.

Ungemütliches Wetter, aber manchmal, na ja, da will man trotzdem nicht nach Hause. Die Alte sprach leise und besänftigend.

Kommen Sie, wir gehen hier ein bisschen lang.

Komm, Lotti, komm hierher!, lockte sie ihren kleinen struppigen Hund.

Er ist total verdreckt. Ich muss ihn ordentlich abrubbeln, bevor er zurück in die Wohnung kann.

Sie gingen gemeinsam ein Stück. Die Alte schlurfte mehr, als dass sie ging.

Ist es denn so schlimm?, fragte sie nach einer Weile, und als Barbara immer noch ohne Antwort blieb: Ich habe eine Enkelin, die ist vielleicht so alt wie Sie. Die hat eine ganze Zeit bei mir gewohnt, weil sie sich mit ihrer Mutter nicht so gut verstand. Jetzt ist sie zu ihrem Freund gezogen. Aber sie lässt sich nichts von ihm sagen. Komm hierher, Lotti! Lass das!

Barbara hörte zu. Es war eine beruhigende Stimme, die da auf sie einsprach. Die Alte schien bewegt. Es war ganz unaufdringlich, wie sie sprach, und es lenkte ab. Barbara war dankbar, dass sie weiter keine Fragen stellte. Sie gingen die kurzen kreisförmigen Wege entlang. Barbara wagte, der Alten ins Gesicht zu schauen. So alt war sie noch gar nicht. Die Frau lächelte.

Aber, durchfuhr es Barbara, dieser Blick, dieses Lächeln! Das war die Falschheit der Schlange. Das war viel gefährlicher als der offene Angriff. Man wollte sie wohl für dumm verkaufen! Sie sollte es nicht merken. Wie konnte sie nur dieser Stimme auf den Leim gehen? Fast hätte man sie überlistet. Barbara fühlte Angst und Wut.

> Barbara ist paranoid. Aber es entspricht auch den frühesten Erfahrungen Barbaras, dass nämlich das, was ihr als Freundlichkeit entgegengebracht wurde, für sie eine destruktive Bedeutung hatte.

Nein!, schrie sie und rannte. Weg! Weg! Es war eine Falle, in der die alte Hexe lauerte.

Wieder hastete sie ziellos durch die Stadt, dachte manchmal, dass sie jeder hier kannte, dann wieder, dass sie niemals zuvor an diesem Ort gewesen war, triumphierte und verzweifelte fast zur selben Zeit.

Mehr als neun Stunden irrte sie durch die Straßen. Sie hatte nichts gegessen und nichts getrunken. Es war schließlich die körperliche Erschöpfung, die sie nach Hause trieb. Niemand war dort. Völlig durchnässt vom Regen warf sie sich auf ihr Bett.

Sie weinte. Erst langsam, dann löste sich alles. Spannung und Schmerzen verschwanden. Der ganze Körper war nur noch eine Quelle von Tränen. Barbara überließ sich ihrem Fluss. Ein Sturzbach wurde daraus, alles floss dahin. Ein Strom schließlich, ruhig, breit und unaufhaltsam. Barbara weinte und schluchzte alles aus sich heraus, die vielen Jahre, die mit Schmerzen angefüllt waren, und das Unsagbare. So erst kehrte Ruhe in sie zurück. Sie spürte nichts als den Fluss der Tränen. Alle Erinnerung und alles Erleben verflüssigten sich und schwammen in dem breiten Strom dahin. Barbara weinte und weinte. Sie weinte so lange, bis der Körper keine Flüssigkeit mehr für Tränen hatte. Sie war ein ausgeleertes Gefäß, als sie endlich erschöpft einschlief.

> So war die Psychose auch die Rückkehr zu sich selbst. Das, was dem Selbst fremd war, fiel ab. Barbaras Angepasstheit, ihre Aggressionshemmung, der Verzicht auf die Liebe usw., all das hatte sie unter dem Druck der Verhältnisse auf sich genommen. Sie hatte es sich nie klarmachen können, und auch jetzt konnte sie es so

nicht sehen. Aber für eine kurze Zeit empfand sie Trauer um das, was verloren war, nämlich eine normale Entwicklung, in der sie wie alle anderen hätte empfinden können.
Die Trauer war ein Schritt in Richtung normaler Empfindung. Aber er reichte nicht aus.

Als Barbara nach einigen Stunden aufwachte, hörte sie zum ersten Mal die Stimmen. Genau genommen war es erst eine Stimme, die sie auf ziemlich üble Weise beschimpfte. Schlampe, Hure, alte Schnecke, hörte sie sagen. Barbara fragte sich nicht, wer da sprach. Sie suchte nicht nach einer Person, von der die Stimme ausging. Sie wusste, dass sie es nicht selbst war, die da sprach, aber es war auch kein anderer. Sie konnte diese Stimme am Klang identifizieren. Und sie konnte die Worte genau verstehen, wenn die Stimme deutlich sprach; später sprach die Stimme schon mal absichtlich undeutlich, und dann konnte Barbara natürlich nicht verstehen, was sie sagte.

Die Stimmen drücken Gedanken aus, mit denen sich Barbara nicht identifizieren, die sie aber gleichwohl nicht abweisen kann.

Barbara kam noch am selben Tag in die Klinik. Sie wusste, was die Psychiatrie bedeutete, und sie kannte auch den Zustand, in den sie nun geraten war. So sträubte sie sich nicht. Sie bekam Medikamente, unter denen die Stimmen zunächst einmal verschwanden.
Die Ärzte sagten den Eltern, dass Barbara an einer schizophrenen Psychose leide. Eine psychische Krankheit habe man ja früher schon angenommen, aber nun sei es bewiesen, obwohl es nicht die Regel sei, erst Borderline, dann Schizophrenie. Die Schizophrenie sei durch Erbfaktoren bedingt, jedenfalls nehmen das die meisten Ärzte an.

Was aber keineswegs bewiesen ist.

Diese Entwicklung, tragisch einerseits, war doch auch eine Entlastung für die Familie. Es war nun widerlegt, dass die Symptome Barbaras Blessuren waren, die sie auf dem Schlachtfeld der familiären Auseinandersetzungen erlitten hatte. Barbara hatte richtige Symptome, von denen man wusste, dass sie Ausdruck einer Krankheit waren.

An eine gute Entwicklung von Barbara hatte im Übrigen keiner mehr geglaubt, Barbara selbst am wenigsten. Jetzt hörte sie Stimmen, sie war apathisch wegen der Medikamente, sie vermied konsequent jeden sozialen Kontakt. Aber dafür gab es kein Weglaufen mehr, kaum noch Essensregeln, keine Selbstmorddrohungen, keine Selbstverletzungen. Man brauchte nicht mehr darüber nachzudenken, was sie mit ihren Symptomen gemeint haben könnte. Man brauchte keine Schuldgefühle mehr zu haben, durch eigene Fehler die Merkwürdigkeiten von Barbara verursacht zu haben. Es war auch klar, dass Barbara lange Zeit in der Klinik bleiben würde.

Barbara wurde schließlich entlassen und nahm seitdem Medikamente. Die Psychose bzw. die Folgen verließen sie nicht mehr. Ihr Leben verlief nun in großer Eintönigkeit. Nur gelegentlich gab es neue Aufregung, wenn die Psychose Barbara dazu trieb, Dinge zu tun, die wirklich nicht tolerabel waren. Aber die Aufregung wurde mit der Zeit geringer. Schließlich ging Barbara öfter von allein in die Klinik, man wusste oft nicht einmal genau, warum. Das psychiatrische Krankenhaus war für sie ein Ort geworden, an den sie sich wenden konnte, wenn sie es mit sich nicht mehr aushielt.

So vergingen die nächsten Jahre. Barbara war inzwischen Anfang dreißig. Der Vater arbeitete noch bei der Firma, die Mutter versorgte das Haus, ihren Mann und Barbara. Cornelia war schon ausgezogen, hatte ihr Studium beendet und stand kurz vor ihrer Heirat. Sie hatte einen netten Freund. Die Hochzeit war ein Ereignis, dem alle mit Freude entgegensahen. Aber Barbaras Gesundheitszustand verschlechterte sich und die Sache lief nach einem immer gleichen Schema ab. Barbara wurde unruhiger und schlief schlecht. Offensichtlich war sie wieder viel mit ihren Stimmen beschäftigt. Die Medikamente wurden von dem behandelnden Psychiater erhöht, aber keiner war sicher, ob Barbara sie auch wirklich nahm. Schließlich eskalierte die Situation. Barbara rannte weg, kam mitten in der Nacht wieder, redete wirres Zeug und war aggressiv. Als die Mutter sich daran machte, ihr völlig verdrecktes Zimmer zu putzen, versuchte Barbara sie mit Gewalt daran zu hindern. Sie musste wieder in die Klinik. Bei der Hochzeit wurde sie von der Klinik für einige Stunden beurlaubt.

> Es war die alte Eifersucht auf die Schwester. Aber das sah keiner so. Barbara war krank, und das genügte als Erklärung.

Später bezog sie eine eigene kleine Wohnung. Aber auch das bedeutete nicht viel. Sie lebte wie früher in enger Anbindung an die Familie. Die Mutter kam anfangs fast täglich, später seltener, aber niemals weniger als einmal die Woche, um nach dem Rechten zu schauen.

Im Leben der Familie war Barbara ein ruhender Pol. Um sie herum nahmen die Dinge ihren Lauf. Cornelia hatte geheiratet, bekam zwei Kinder und ließ sich wieder scheiden. Der Vater übernahm in der Firma eine andere Aufgabe. Er war kurzfristig sehr krank. Die politischen Verhältnisse der Stadt und der Welt veränderten sich. Die Menschen beschäftigten sich mit der Frage, welchen Lauf die Ereignisse nehmen würden, und versuchten, aus der Vergangenheit Anhaltspunkte für die Zukunft zu gewinnen – Barbara nicht. Sie war mit ihren inneren Prozessen beschäftigt, mit Gefühlen der Bedrohung oder auch Beruhigung, mit Stimmen, die ihr sagten, wie man denken konnte. Es waren männliche und weibliche Stimmen. Manche waren wie alte Bekannte, manche waren unbekannt. Manchmal hörte sie die Stimmen streiten: So ein Ignorant! Hat keine Ahnung, interessiert sich für nichts, aber will mal wieder eine Rede halten.

Kartoffeln muss man dünsten, und zwar so, dass sie nicht zerfallen.

Scher dich zum Teufel! Lass uns in Ruhe! Wir wollen friedlich unser Kartoffelgemüse essen.

Es gab Stimmen, die Barbara gut zuredeten: Sei nicht traurig, kleine Feine. Bist doch eine Liebe. Wir haben dich lieb.

Aber öfter musste sie üble Beschimpfungen hinnehmen: Dreckige Sau! Nichts kannst du auf die zwei Beine stellen. Eine Null, eine Supernull bist du. Nichts als Menschenarbeit hat man mit dir. Schäm dich!

Oder auch: Lass ihn dir von hinten reinschieben, hier, sofort. Hosen runter, halt das Loch offen in Fahrtrichtung, dalli, dalli. Hosen runter! Arsch vor! Zwei drei. Zwei drei.

> So unsinnig diese Halluzinationen auch erscheinen, es sind sinnvolle Mitteilungen. Hier sind es Erinnerungen an den Streit der Eltern, an deren wechselseitige Herabsetzung. Aber es sind auch verborgene Sichtweisen, wie sie Barbara hatte. Die obszönen Reden sind Fantasien Barbaras, für die sie sich verurteilt. Darum die vulgäre Sprache.

Manchmal war auch tiefe Stille in ihr. Stundenlang, tagelang lag sie dann auf ihrem Bett, tat nichts und dachte nichts und fühlte nichts. Sie hatte weder Hunger noch Durst. Auf die Toilette ging sie erst, wenn der Druck zu groß wurde. Das Waschen und das Zähneputzen, das An- und Ausziehen, das war dann schon viel an Veränderung.

Diese Apathie war ein Zustand, den Barbara ziemlich verlässlich mit einer hohen Medikamentendosis erreichen konnte. Dann hatte sie das Gefühl, dass alles Leben in ihr, jedes Gefühl von Lust oder Trauer, Wut oder Überdruss, Angst oder Zufriedenheit, ausradiert wurde. Versuchte sie etwas Leben zuzulassen und ließ die Medikamente weg oder nahm weniger davon, kamen diese Gefühle zurück und es tauchten die Stimmen oder Wahngedanken wieder auf. Aber auch Stimmen und Wahn waren Leben. Dann war das Leben wieder zu bedrohlich und sie flüchtete sich in die stille Welt der Medikamente, wo alles eingefroren war.

> Das ist die Wirkung der Medikamente. Barbara bekam wegen der Diagnose Schizophrenie sogenannte Neuroleptika. Sie dämpfen die Gefühle. Mehr dazu im dritten Teil.

Noch eines konnte sie durch die Medikamente regeln. Nach dem Aufbrechen der Psychose wurde sie in der Gegenwart anderer Menschen ständig von dem Gefühl beherrscht, dass sie mit ihnen ununterscheidbar verbunden war. Sie fühlte, dass Gedanken, Probleme, Gefühle in sie eindrangen, als wären es ihre. Das passierte insbesondere, wenn sie mit vielen Menschen auf engem Raum zusammen war, wie beispielsweise im Bus.

Ein junger Mann sprach mit der Frau neben sich: ... gestern ... habe ich gesagt ... man muss ja nicht arbeiten ... immer wieder ... der Chef hat sie ...

Barbara konnte nicht anders, als angestrengt hinhören, das Gehörte irgendwie ergänzen und denken, dass sie gemeint war. Sie dachte: Der Chef hat über mich gesprochen, bestimmt ganz schlecht. Er weiß von mir. Sie haben mich gestern beobachtet. Ja, gestern war es gewesen. Was sage ich zu meiner Verteidigung? Die warten jetzt auf eine Antwort. Ihr Chef wird sie fragen.

So absurd diese Gedanken Barbara auch erschienen, sie konnte sich nicht dagegen wehren.

> Es fehlte eine Grenze zwischen ihrem Ich und dem Ich der anderen.

Sie war nur das, was andere in sie hineintaten. Es war ein unerträgliches Gefühl des Ausgeliefertseins, der Nichtigkeit. Darum mied sie es, mit Menschen überhaupt in Kontakt zu kommen.

Nahm sie die von den Psychiatern verschriebenen Medikamente, dann fühlte sie all das viel weniger oder gar nicht. Manchmal aber halfen ihr die Medikamente aus unerklärlichen Gründen nicht. Wenn sie dann versuchte, die inneren namenlosen Gestalten, Stimmen, fixen Ideen und die Angst mit den Medikamenten wegzuscheuchen und in die große Friedhofsruhe einzutauchen, kam nicht die Ruhe über sie, sondern eine unerträgliche Unruhe. Sie musste dann rennen, wie von Furien gejagt, und wusste nicht, warum und wohin. In diesen Fällen half es nur, wenn sie für eine Zeit den Stimmen und dem Wahn die Herrschaft in ihrer Seele überließ. Aber das war nicht häufig so und wurde mit der Zeit immer seltener.

Auch die Phasen der Unruhe veränderten nichts in ihrem Leben. Barbara war die Konstante, auf die sich alle Veränderungen um sie herum bezogen. Sie stand, während alle um sie herum weitergingen. Man konnte sagen, dass sie die Strecke markierte, die die Welt um sie herum in der Zeit zurücklegte. Sie wachte am Ausgangspunkt aller Bewegung.

Eine kurze Blüte

Das erste Mal traf sie Rene im Supermarkt. Er stand an der Kasse vor ihr, ziemlich groß und ziemlich dick, in einem fleckigen, ausgeleierten T-Shirt, mit Brot, Käse, Milch, Bier und Zigaretten. Er suchte lange in seinem Portemonnaie, um das passende Kleingeld zusammenzubringen. Barbara legte derweil ihre Sachen aufs Band, eine Packung fiel auf die Erde. Er bückte sich, um sie aufzuheben.

Ist ja Gott sei Dank nicht kaputtgegangen. Es war offensichtlich, dass er mit ihr ins Gespräch kommen wollte. Barbara murmelte etwas und kümmerte sich um ihre Lebensmittel. Rene war fertig, hatte seine Sachen in einer Plastiktüte verstaut und blieb in ihrer Nähe stehen, bis sie sich anschickte zu gehen. Er ging neben ihr her.

Hier ist es viel billiger als drüben, bemerkte er und fügte, als sie schwieg, hinzu: Na ja, bis morgen dann. Kommste?

Sie lächelte: Ich komme immer nur dienstags.

Am nächsten Dienstag um die gleiche Zeit war er da, kaufte Brot, Käse, Milch, Bier und Zigaretten.

Wie geht's? Kommste mit 'n Kaffee trinken?

Barbara kam mit. Sie tranken Kaffee in einem Stehcafé. Rene erzählte was von sich und seinem Computer. Barbara hörte zu und erzählte nichts.

Es wäre übertrieben, zu sagen, dass sich Barbara auf den nächsten Dienstag gefreut hätte. Aber sie dachte die Woche über mehrmals an Rene und dass sie ihn in sechs, in fünf, in drei, in zwei Tagen, morgen treffen würde. Diese Gedanken waren weder besonders intensiv noch mit großen Erwartungen verbunden.

Barbara merkt, dass Rene sich für sie interessiert. Sie selbst hat noch kein Gefühl von Liebe, aber es gefällt ihr, dass Rene sie als Frau sieht und sie so nimmt, wie sie ist. Das kennt sie kaum.

Barbara und Rene kamen sich näher. Barbara fing an zu erzählen und im Gegensatz zu ihm, der immer dasselbe T-Shirt anzuhaben schien, immer in den gleichen verbeulten Jeans herumlief, fing Barbara an, sich zurechtzumachen. Es war nicht besonders aufregend. Aber sie frisierte sich mit mehr Sorgfalt, schminkte sich die Lippen und zog sich mit mehr Überlegungen an. Barbara war nicht verliebt. Eine solche Regung war ihrem Herzen bislang fremd gewesen, und sie sollte sie in ihrem Leben auch nicht wirklich kennenlernen. Aber sie empfand Interesse für Rene. Sie erfuhr, dass er öfter schon in der Klapse gewesen war, dass er laufend Medikamente nahm, dass er früher mal studiert hatte, jetzt aber von Sozialhilfe lebte, dass er ziemlich viel von Computern verstand und sich etwas Geld damit verdiente. Barbara fand das interessant, weil es das Leben eines anderen Menschen war, der es ihr erzählte, ohne etwas von ihr zu wollen.

Barbara war es gewohnt, dass die Menschen um sie herum sie für ihre Zwecke instrumentalisierten.

Lange trafen sie sich dienstags im Supermarkt und tranken danach ihren Kaffee im Stehen. Jeder zahlte für sich. Nie machte einer den Versuch, den anderen einzuladen.
   Eines Tages meinte Rene: Kommste mit in meine Wohnung?
   Er sagte nichts weiter dazu. Barbara fragte auch nicht. Sie ging einfach mit. Rene wollte mit ihr schlafen und sie ließ es zu. Sie fand es schön, aber nicht aufregend.
   Nachher sahen sie zusammen Fußball, wie es Rene wollte, dann einen Film. Rene trank Bier.
   Willste auch eins? Barbara wollte nicht. Wasser? Nee. Barbara fühlte sich auch so wohl.
   Sie saß in dem Sessel, der vor dem Fernseher stand, Rene auf dem Boden daneben. Er hatte darauf bestanden. Sie saßen in dem Raum, der Rene als Schlaf- und Wohnzimmer diente und der neben dem Bad und der winzigen Küche die ganze Wohnung ausmachte. In einer Ecke stand der Computer mit viel Kabelgewirr, CDs und anderem Kram. Auf dem Tisch lag alles durcheinander und dazwischen ein voller Aschenbecher. Als Barbara später ihre Tasche mit den Lebensmitteln nahm, um nach Hause zu gehen, brachte er sie ohne Einwände zur

Tür. Er beugte sich zu ihr herab und gab ihr einen schüchternen Kuss auf die Wange. Barbara hielt ruhig, aber erwiderte den Kuss nicht. Tschüss. Bis nächsten Dienstag, sagte er noch. Dann ging sie allein durch die Dämmerung nach Hause.

So hatte Barbara das erste Mal in ihrem Leben einen Freund und Liebhaber. Sie erzählte es niemandem. Und da sich ihre Lebensgewohnheiten kaum veränderten, merkte es lange Zeit keiner. Nur Robert gegenüber, dem alten Freund der Eltern, machte sie einmal eine Bemerkung, dass sie eine Verabredung mit Rene habe. Robert wollte sie zu einem Bummel durch die Stadt einladen. Wieso Robert das machte, wusste Barbara nicht. Seit einiger Zeit schon lud er sie immer wieder ein, mit ihm, manchmal auch mit seiner Frau, etwas zu unternehmen. Sie gingen ins Kino, spazieren oder saßen in einem Café. Und da das Leben von Barbara eintönig war, hatte sie die Einladungen, die in ziemlich großen Abständen kamen, bisher immer angenommen. Aber diesmal sollte es an einem Dienstagabend sein und Barbara sagte ab.

Die Mutter besuchte Barbara einmal die Woche. Dabei brachte sie ihr Lebensmittel mit. Was sie sonst noch brauchte, kaufte Barbara dienstags im Supermarkt. An dieser Gewohnheit änderte sich nichts. Im Supermarkt traf sie Rene, mit dem sie anschließend Kaffee trank. Manchmal ging sie mit in seine Wohnung, wenn er sie dazu einlud. Nie ergriff Barbara die Initiative und nie lehnte sie sein Ansinnen ab. Nachher saß sie dann im Sessel vor dem Fernseher, Rene auf dem Boden. Er trank Bier, und auf dem Tisch standen Blümchen. Den Weg von Rene nach Hause, fast eine dreiviertel Stunde zu Fuß, machte sie allein.

> Sie spürten, dass sie behutsam miteinander umgehen mussten. Die Ich-Grenzen der beiden waren schwach und mussten respektiert werden.

Beide waren wortkarg. Aber die wichtigsten Dinge erfuhren sie voneinander. Als Rene eines Tages sehr unruhig war, von einem Bein aufs andere trat, meinte Barbara: Zu viel Medikamente?

Waren wieder so viele Stimmen, da habe ich einfach was drauf geschüttet, bestätigte er und erzählte: Mein Arzt gibt mir, was ich brauche, macht aber keinen Druck. Meine Schwester, die blöde Kuh, ruft an und will wissen, ob ich meine Medikamente nehme. Er erregte sich etwas.

Ist doch meine Sache. Meine Schwester ist drei Jahre älter und hat Kinder, um die sie sich kümmern kann. Kohle hat sie auch, der Computer ist von ihr.

Etwas änderte sich doch an den Gewohnheiten Barbaras. Sie saß neuerdings oft am Fenster und schaute auf die Straße hinaus. Es gab da nichts Besonderes zu sehen, Fußgänger, Autos, einen Kiosk. Es war keine belebte Straße, eine der üblichen Nebenstraßen in der Stadt, ohne Bäume, mit vielen parkenden Autos. Aber es war der Blick nach draußen, in die Welt. Es war nur wenig Himmel zu sehen, das Blau bei Sonnenschein, das Grau bei Regen. Sie sah die leichte Kleidung der Menschen, wenn es warm war, den hastigen Lauf, wenn es regnen wollte. Sie sah Mütter, die geduldig oder auch weniger geduldig mit ihren kleinen Kindern den Bürgersteig hinuntergingen, Lieferanten, die etwas in die Häuser trugen, alte Männer, die zum Kiosk schlurften. Und sie sah die Fenster gegenüber, manche, die immer gleich aussahen und nichts dahinter erkennen ließen, andere, die den Blick in ein wechselvolles Leben freigaben. Es blieb bei der Distanz. Barbara nahm am Leben nicht mehr teil als früher, aber sie nahm die Welt zur Kenntnis.

> Barbara hatte sich immer im Mittelpunkt ihres Daseins gesehen, nicht weil sie sich so wichtig genommen hätte, sondern weil sie keine richtige Vorstellung davon hatte, wie die Welt um sie herum beschaffen war. Mit der Beziehung zu Rene entdeckte sie, dass dieser andere Mensch etwas ganz Eigenes war. Das war etwas ganz anderes als die Beziehung zur Mutter. Der Mutter war sie zwar wichtig, aber so, dass sie sich wie ein Teil der Mutter fühlte, so als ob sie eigentlich noch nicht geboren war. Rene war etwas Eigenes, und darum war sie neben ihm auch etwas Eigenes, nicht zuletzt darum, weil er ein Mann, sie eine Frau war. Sie verstand erst jetzt, dass zwischen ihr und den anderen, zwischen ihr und der Welt ein unüberbrückbarer Unterschied war. Es gab etwas, was nicht nur ihre Fantasie war, sondern wirklich.

Das Besondere war, dass sie sich mit etwas anderem als sich, ihren Symptomen und ihren Gewohnheiten beschäftigte, dass sie an einen anderen Menschen dachte, dass ihre Zeit einen Fixpunkt bekam. Das Leben von Barbara hatte etwas bekommen, das sie vergessen ließ, darüber nachzudenken, wie man lebt. Sie lebte einfach, wenn auch noch sehr schwach.

Eines Dienstags war Rene nicht da. Barbara machte ihre Einkäufe wie immer. Auch dann tauchte er nicht auf. Barbara ging nach Hause. Sie rief ihn nicht an, sie ging auch nicht zu seiner Wohnung, die ganze Woche über. Aber schon am ersten Tag wurde sie unruhig. Sie legte sich aufs Bett, wie sie es jeden Tag tat, um da stundenlang zu liegen. Aber jetzt stand sie wieder auf und ging unruhig in der Wohnung hin und her. Sie schaute aus dem Fenster, sie horchte auf die Klingel, ging zum Telefon. Wer sollte kommen, wer anrufen? Ein Gefühl machte sich in ihr breit, das sie nie vorher gehabt hatte: Barbara machte sich Sorgen. Sie dachte an ihn mit der Frage, was er mache, wie es ihm gehe. Barbara schlief schlecht und träumte viel, ohne am Morgen zu wissen, wovon. Nach zwei Tagen ging sie, ohne Vorsatz, zum Supermarkt. Verstört stand sie zwischen den Regalen und wusste nicht, was sie dort sollte.

Hier merkt Barbara, dass die zarte Liebe etwas mit ihr gemacht hat.

Die Mutter, die seit Monaten mit einer Mischung aus Zufriedenheit, Neugier und unerklärlicher Angst bemerkt hatte, dass Barbara ruhiger und gefestigter erschien, registrierte die neuerliche Unruhe von Barbara mit dem Gedanken: Wie sollte das auch gut gehen? Und sie bemerkte auch, dass Barbara, trotz der Unruhe, nicht die Nähe der Mutter suchte.

Am nächsten Dienstag hatte sich Barbara etwas gefangen. Doch war sie noch so nervös, dass sie ihr Portemonnaie vergaß. Sie musste auf halbem Weg umkehren, um es zu holen. Rene war wie gewöhnlich schon im Supermarkt.

Ich dachte, du kommst nicht, sagte er und fuhr fort: Meine Eltern und meine Schwester waren letzte Woche da. Ich musste mit zu meiner Oma, die hatte einen Schlaganfall. Sie liegt im Krankenhaus und kann nicht essen. Es läuft ihr immer wieder aus dem Mund.

Barbara nahm es zur Kenntnis und sagte nichts.

Die rechte Seite ist gelähmt, ergänzte Rene.

Magst du deine Oma?, fragte Barbara schließlich.

Als ich klein war, habe ich ein paar Jahre bei ihr gelebt. Sie kann prima kochen. Immer wenn ich zu ihr gehe, kocht sie für mich. Dann korrigierte er sich bekümmert: Hat sie gekocht. Die Ärzte sagen, dass es nicht gut aussieht.
    Barbara war schweigsam. Sie betrachtete Rene, wie er sprach und rauchte. Das erste Mal sah sie ihn genau an. Sie sah sein wirres, dichtes, dunkles Haar. Müsste mal wieder gewaschen werden.
    Sie sah seine klaren grauen Augen. Er spricht mit den Augen.
    Die Gesichtshaut war glatt. Er musste sich am Morgen rasiert haben. Das T-Shirt war ausgeleiert und fleckig. Der Bauch war entschieden zu dick. Die Finger der rechten Hand waren gelb von Nikotin. Barbara hörte auf seine Stimme. Es war eine männliche, ruhige, warme Stimme, die sie einhüllte wie eine warme, weiche Decke. Sie bemerkte zum ersten Mal, dass sie sich neben ihm, der so groß war, beschützt fühlte.

Die Ordnung in ihrem Leben änderte sich nicht. Die Mutter kam und versorgte Barbara mit dem Notwendigsten. Sie erledigte auch alle wichtigen Dinge, beispielsweise Bezahlung der Miete, des Telefons etc. Barbara hielt ihre Wohnung sauber und kochte sich auch schon mal etwas. Mit den Speisevorschriften war es seit Ausbruch der Psychose nicht mehr so schlimm. Ab und an ging sie zum Arzt, holte sich die Medikamente und ließ die Untersuchungen machen, die notwendig waren. Sehr selten ging sie ins Haus der Eltern und traf dort den Vater, manchmal auch ihre Schwester und deren Familie. Mit Robert ging sie gelegentlich aus, auch schon mal zusammen mit seiner Frau. Dienstags ging sie in den Supermarkt, traf dort Rene, trank mit ihm Kaffee und ging manchmal mit ihm nach Hause.
    Das war ihr Leben. Aber dieses Leben hatte sich in einer nur für Barbara bemerkbaren Weise völlig verändert. Das erste Mal, als sie Rene an einem Dienstag im Supermarkt traf, das zweite Mal, als Rene eines Dienstags nicht erschien. Die Unruhe verließ sie von diesem zweiten Dienstag an nicht mehr. Barbara war besorgt. Sie war besorgt um Rene, aber, wie sie undeutlich bemerkte, auch um sich.

Barbara hatte eine bessere Vorstellung davon bekommen, was die Wirklichkeit ausmacht. Aber an jenem Dienstag, als Rene nicht kam, hatte sie erfahren, dass darin auch eine Trennung enthalten ist, die sich nie auflösen lassen würde. Über die wirklichen Dinge kann man nicht beliebig verfügen, und was Rene macht, kann Barbara nicht bestimmen. Sie hatte sich von Rene abhängig gemacht. Damit war die Angst geboren, dass sie Rene auch wieder verlieren könnte. Das zu ertragen, dafür war Barbara zu schwach.

Sie quälte sich. Nur wenn sie bei Rene war, wenn sie zusammen im Bett lagen oder vor dem Fernseher saßen, ging die Unruhe weg. Man hätte fast sagen können, dass sich in diesen Augenblicken so etwas wie Glück einstellte. Es war das Gefühl der Einheit mit sich, es war Ruhe und Leben. Sie lag neben ihm im Bett und griff nach ihm. Er war fest, man konnte ihn fühlen, er war ein wirklicher Mensch, er roch intensiv. Manchmal war er verschwitzt. Wenn sie miteinander Sex hatten, zogen sie sich nur die Hosen aus. Oben herum blieben sie bekleidet. So waren sie nie ganz nackt. Aber oft hatte Barbara das Gefühl, Rene würde sich wie ein Nebel auflösen. Dann überfiel sie Angst. Sie setzte sich auf, griff nach Rene. Mehr konnte sie nicht tun.

Oft versuchte sie es mit dem Fernsehen, manchmal auch mit Biertrinken. Sie wollte sich ablenken. Das gelang nicht. Barbara hatte früher kaum jemals ferngesehen und jetzt fehlte ihr Rene dabei; denn Fernsehen, das war fest mit Rene verbunden. Aber diesen Zusammenhang durchschaute sie nicht. Sie ging öfter spazieren. Doch wohin sollte sie gehen? Irgendwie lag es nahe, zu Rene zu gehen oder einfach mal mit ihm zu telefonieren. Barbara ahnte, dass dadurch nur alles schlimmer werden würde.

Eines versuchte Barbara nicht: die Medikamentendosis zu erhöhen. Das hätte sie mühelos erreichen können. Wahrscheinlich wäre ihre Unruhe von der Apathie, die die Medikamente erzeugt hätten, auch erschlagen worden.

Eines Dienstags ging Barbara nicht mehr zum Supermarkt. Sie blieb zu Hause. Die Mutter fand sie in einem schrecklichen Zustand vor. Man sah ihr die Qual, die Unruhe und Angst an. Barbara zitterte am ganzen Körper. Der herbeigerufene Arzt gab Barbara eine Spritze, nach der sie lange schlief. Danach ging es wieder los. Barbara konnte aus Angst das Haus nicht mehr verlassen. Auch die Verabredung mit Robert nahm sie nicht wahr. Aber im Gegensatz zu früher wollte sie keine Medikamente. Sie sträubte sich vehement, in die Klinik zu gehen, und sprach mehr als sonst mit ihren Stimmen. Alle Gedanken und Erinnerungen an Rene und die Zeit mit ihm waren verschwunden. Statt die Sorge um Rene hatte sie nun Angst. Barbara hatte Rene mit ihrer Angst ausgelöscht.

> Hätten die Ärzte oder die Mutter von Rene gewusst, hätten sie gesagt, dass die neu aufbrechende Krankheit die Beziehung zu Rene zerstörte. Aber wir denken, dass es umgekehrt war. Weil sie die Liebe nicht ertragen konnte, wurde Barbara wieder psychotisch. Sie hat kapituliert.

Es war eine schreckliche Zeit, die sich über viele Monate hinzog. Nichts half. Die Nachbarn hörten sie oft in ihrer Wohnung schreien und schimpfen. Oder sie rief bei der Mutter an und sprach wirres Zeug. Sie zerriss ihre Kleider, zerstörte die Wohnungseinrichtung und rief unverständliches Zeug durchs offene Fenster auf die Straße. Schließlich kam Barbara gegen ihren Willen in die Klinik. Unter den Medikamenten, die man ihr dort gab, war sie so eingeschränkt und gedämpft, dass die Mutter ihr Kind nicht wiedererkannte. Wie ein Roboter lief sie geradeaus. Der Speichel lief ihr aus dem Mund und sie war unfähig auch nur eine kurze Zeit den Körper ruhig zu halten. Die Mutter holte sie aus der Klinik und versorgte sie wie früher. Die Medikamente wurden etwas reduziert, sodass Barbara wieder ein menschliches Gesicht bekam. Aber dadurch kam die Angst zurück. Barbara verließ ihre Wohnung nicht mehr.

Auch dieser erbärmliche Zustand dauerte lange. Es verging ein Jahr und fast noch ein zweites. Erst als Barbara wusste, dass sie bald sterben würde, wurde es leichter. Die quälenden Gefühle in ihr schwanden. Und damit verblassten auch die Erinnerungen. Nur noch gelegentlich sah sie in ihrer Seele flüchtige Schatten von Menschen. Möglich, dass Rene auch dabei war. Langsam kehrte Ruhe in Barbara ein, eine Ruhe, wie sie sie nie in ihrem Leben gekannt hatte.

Familie Rein – die familiäre Ebene

Der zweite Teil stellt die familiären Beziehungen in den Mittelpunkt und untersucht, wie die Menschen in einer Familie durch wechselseitige Beeinflussung ein Gleichgewicht zu erhalten versuchen, das ihren eigenen Bedürfnissen entspricht.

Jeder in der Familie bestimmt das Handeln des anderen, setzt Ziele und Grenzen, aber wird sich dessen nur selten bewusst. Ja selbst wenn sie es wollten, würden sie alle nur schwer merken können, inwieweit ihr Denken, ihre Wertvorstellungen, ihr Wollen und schließlich ihr Handeln von der Familie beeinflusst sind.

Lothar und Ursula Rein, geborene Ruge, haben gemeinsame Lebensziele, die sie auch realisieren können. Aber der Preis, den sie dafür zahlen müssen, überrascht sie. Die Zusammenhänge verstehen sie nicht, weil jeder die Ursache seines Unglücks im anderen sucht, schlimmer noch, vieles dafür tut, dass der andere ihn bzw. sie unglücklich macht.

Die Reins haben die Vorstellung, dass in einer guten Familie nur Harmonie herrschen dürfe. Die Differenz zwischen dieser Sehnsucht und ihrer Wirklichkeit ist das Maß ihres Unglücks. Wenn die Idee der Reins von Familie stimmen würde, gäbe es wahrscheinlich nicht viele Familien, die man gut nennen könnte. Man muss sich ferner fragen, wo denn all die negativen Gefühle, die wir nun mal haben, bleiben sollen, wenn sie nicht in der Familie gelebt werden dürfen?

Lothar und Ursula Rein sind lange miteinander verheiratet und kennen sich doch nicht gut. Aber sie haben ein tiefes Gefühl der Loyalität zueinander, das sie selbst kaum wahrnehmen.

Erwartungen

Ursula Ruge, später Rein, war ein blondes, zierliches Mädchen. Sie war hübsch, hatte Charme und fiel in der Öffentlichkeit durch ihre lustige Art auf. Als Studentin sah man sie meist in Gesellschaft ihrer Freundinnen.

> Keine dieser Freundschaften hat die Jahre überdauert – was etwas über die Art dieser Freundschaften sagt.

Ursula Ruge genoss die Freiheiten des Studentenlebens, blieb aber, was ihre Liebschaften betraf, zurückhaltend. Sie hielt ihre Verehrer in der Regel so freundlich auf Distanz, dass sie die Beziehung zu ihr nicht abbrachen. Im Übrigen war sie eine fleißige und erfolgreiche Studentin. Das war das Bild, das Ursula Ruge von sich erzeugte. Vielleicht war es auch nur das Bild, das Lothar Rein von ihr hatte. Dass sie eine Hautkrankheit hatte und oft niedergeschlagen und schlecht gelaunt war, wenn sie allein war, das wusste er nicht.

So wie Ursula Ruge war und so wie sie sich nach außen präsentierte, das war nicht dasselbe. Was sie in der Öffentlichkeit präsentierte, war, wie sie sein wollte. Es war auch geleitet von einem Zweck, nämlich beliebt zu sein und einen für sie attraktiven Mann für sich zu gewinnen.

Lothar Rein war eher ein Einzelgänger. Das Alleinsein entsprach seinem Wunsch, doch spürte er auch, dass er auf diese Weise keine Karriere würde machen können. Er war ehrgeizig. Also ging er in eine studentische Verbindung, wo er sich mit Eifer engagierte, und da er aufrichtig, höflich und bescheiden war, wurde er bald geschätzt. Allerdings gab es niemanden, der sich als sein Freund betrachtet hätte. Man hatte ihn gern, aber er stand keinem nahe.

Lothar war schüchtern, und er war gehemmt, wenn er Menschen nahekam. Wenn die Beziehung von Sachfragen geleitet wurde, wie im Beruf, hatte er damit keine Probleme.

Lothar hatte lange keine Freundin, obwohl er sich für Frauen interessierte. Er wollte eines Tages heiraten und Kinder haben. Aber um eine Familie zu gründen, musste er in der Lage sein, sie zu ernähren. Er wartete, bis er nach Abschluss seines Studiums die ersten Erfolge in der neuen Firma verbuchen konnte. Er war nun Ende Zwanzig und hielt die Augen offen, um zuzupacken, wenn ihm die Rechte begegnete. Schön sollte sie schon sein, freundlich und gebildet. So fiel seine Wahl auf Ursula Ruge.

Zum ersten Mal trafen sich die beiden auf einem Fest der Verbindungsstudenten von Lothar. Der hatte zwar schon vor ein paar Jahren sein Studium erfolgreich abgeschlossen, aber nun als »alter Herr«, wie er dort hieß, ging er gern zu den Festlichkeiten. Ursula hatte eine Freundin, deren Bruder in der gleichen Verbindung war, und über diese Freundin wurde sie auch eingeladen. Die brauchen Frauen, und eine hübsche wie du, na, darum reißen die sich doch, meinte sie.

Es war etwas steif, aber wenigstens waren die jungen Männer gut angezogen, mit Krawatte, und sie bemühten sich, ihren Bierkonsum in Grenzen zu halten. Tanzen konnten die wenigsten gut, leider, dachte Ursula. Es gab eine Tombola, zugunsten irgendwelcher armen Kinder, und Ursula wurde gebeten, aus einem Topf die Lose zu ziehen. Ein Scherzartikel fiel an Lothar. Es war ein Kissen, das furzte. Lothar musste sich immer wieder darauf setzen, was ihm peinlich war. Man sah es ihm an, und das ließ den Saal erst recht jedes Mal grölen. Ursula sah den großen Mann, sie sah auch seine Not und lachte ihn so lieb an, wie sie konnte. Damit war es um Lothar geschehen, wenn man so etwas von ihm überhaupt sagen konnte. Vielleicht passt es besser, zu sagen, dass er von Ursula beeindruckt war.

Später, wenn sich Ursula über Lothar ärgerte, sagte sie schon mal: Du warst ein Hosenscheißer und bist ein Hosenscheißer. Aber an so was dachte sie jetzt nicht, sondern zeigte sich von ihrer besten Seite, wie sie es immer in der Öffentlichkeit tat.

Ursula bemerkte, dass Lothar gut aussah, wenn er auch etwas verklemmt wirkte. Sie nahm auch wahr, dass er schon ein gewisses autoritäres Benehmen hatte, wie ein Mann in einer gehobenen Stellung. Aber hat ihr Unbewusstes auch registriert, dass er eine Frau suchte, die er hassen konnte?

Und Lothar? Ursula gefiel ihm. Wie sie da auf der Bühne stand, mit einer Mischung aus Verlegenheit und hingebungsvoller Freund-

> lichkeit, das fand er toll. Aber spürte er auch, dass sie bereit war, ihn für alles Böse verantwortlich zu machen, weil sie unfähig war, irgendetwas Unvollkommenes bei sich zu ertragen?

Nach der Tombola tanzte er mit ihr und fragte nach ihrer Telefonnummer, die sie ihm bereitwillig gab. Er warb beharrlich und bescheiden um sie, mit einer Unbeirrbarkeit, die sich des schließlichen Erfolges sicher war. Sein Werben hatte sie zunächst nicht wahrgenommen, dann leicht irritiert registriert, weil es von Anfang an ernst und verbindlich gemeint war. Natürlich fragte sie sich, ob sie ihn liebte. Und ihre Antwort war am Anfang ein klares Nein.

Sie war dreiundzwanzig Jahre alt und hatte schon mit einigen Männern geschlafen. Sie fand es aufregend und angenehm, aber es war oft auch beschämend und schmerzhaft und darum weiß Gott nicht der Gipfel des Lebens. So kam sie zu dem Schluss, dass die große Liebe im wirklichen Leben einer Frau nicht vorkommt. Viel später, als reife Frau, als sie schon lange nicht mehr mit ihrem Mann schlief, hatte sie gelegentlich wilde, leidenschaftliche Fantasien kompromissloser Erregung, die ihr klarmachten, dass sie auf etwas verzichtet hatte.

Trotzdem oder besser aufgrund all dessen konnte Lothar Rein mit seiner einfachen Logik schließlich bei ihr Erfolg haben. Wenn ich Glück habe, bin ich im nächsten Jahr Abteilungsleiter. Ich würde gern noch weiterkommen und ich werde es schaffen. Ich will eine Familie haben. Zwei Kinder wären ideal. Für die will ich sorgen. Eine Familie, mit der du dich auseinandersetzen musst, habe ich nicht. Zu meinen Eltern habe ich wenig Kontakt, erklärte ihr Lothar.

Und Ursula Ruge dachte: Das will ich auch, einen Mann, Kinder, ein Haus, ein gesichertes Auskommen. Die anderen Verehrer hatten von Liebe und Schönheit gesprochen. Aber das reicht nicht zum Leben.

> Beide wollten materielle Sicherheit, ohne die sie sich eine Familie nicht denken konnten. Darin war die Bereitschaft enthalten, füreinander zu sorgen.

Lothar Rein meinte es aufrichtig, und so konnte er sagen, dass er seine zukünftige Frau liebte. Ursula Ruge war nicht die erste Frau in seinem dreißigjährigen Leben. Er hatte als Gymnasiast ein Mädchen gehabt, mit dem er ausging. Als Burschenschafter ist er, mitunter auch von den Verbindungsbrüdern dazu animiert, ins Bordell gegangen. Nicht oft, weil es für seinen schmalen Geldbeutel zu teuer war, aber nach den ersten beklommenen Malen tat er es ohne Reue. Es entlastete ihn von seinem sexuellen Druck und es machte Spaß. Er verachtete die Frauen nicht für das, was sie taten, eher fühlte er Dankbarkeit für sie. Sie freuten sich an seiner Geilheit. Sie akzeptierten sein Verlangen mit Wohlwollen, ohne irgendeine andere Verbindlichkeit als die, dass er gut zahlte. Und wenn er seinen Spaß hatte, war es ihr Erfolg. Lothar Rein wollte die Frauen in den Huren nicht demütigen. Er wollte, dass sie ihm guttaten, wenn ihn die sexuelle Erregung nicht mehr losließ.

Es war eine kindliche Erwartungshaltung darin. In seiner Ehe führte sie zur Katastrophe. Lothar wollte eine mütterliche Frau, die ohne Scham seinen Körper mit all seinem Verlangen liebevoll pflegt und befriedigt. Und er verstand nicht, wieso aus der körperlichen Intimität mit seiner Frau Verpflichtungen anderer Art entstehen sollten.

Lothar hatte versprochen, für seine Frau und seine Kinder zu sorgen. Er tat es mit Hingabe und Fleiß. Nach seinem Verständnis war das die wirkliche Liebe.

Die Sichtweise seiner Frau, die ihm etwas von sich gab, wenn sie mit ihm schlief, die ihm nicht nur Befriedigung möglich machte, sondern sich selbst hingab, wie unausgesprochen in ihrem ängstlichen Herzen das auch blieb, verstand Lothar Rein nicht.

Lothar Rein warb lange Zeit um Ursula. Erst war sie eine Freundin, dann seine Freundin, schließlich ließ sie es zu, dass er von Heirat sprach, und dann willigte sie ein. Auch dann noch zögerte sie die Hochzeit hinaus. Aber endlich wurde der Hochzeitstermin festgelegt.

In diesem Zögern verrät sich Ambivalenz. Es war also doch ein Bedenken in ihr.

Die Hochzeit wurde mit Aufwand arrangiert. Ursula Ruge, nun Ursula Rein, gab eine schöne Braut ab und Lothar war stolz darauf. Ursula wirkte selbstbewusst und die Mitgift konnte sich sehen lassen.

Es wurde groß gefeiert. Lothar hatte seine Bundesbrüder eingeladen. Seine Eltern, einfache Leute, kamen sich ziemlich verloren vor. Der Vater erzählte seinen Tischnachbarn davon, wie er seine kleine Barkasse durch den großen Hafen bugsierte, das war nämlich sein Beruf. Er wollte unter all den akademischen Leuten mit seinen Geschichten Gespräche vermeiden, die er nicht verstanden hätte. Die Eltern von Ursula waren Kaufleute. Der Vater führte das große Wort und Ursula hing an seinen Lippen.

Für den Abend der Hochzeit war die Abfahrt des Brautpaares vorgesehen. Die beiden zogen sich um und setzten sich ins Auto. Begleitet von den anzüglichen Bemerkungen der Gäste fuhren sie ab. Ziel war Italien. Erste Station sollte ein romantisches Schlosshotel sein, gut eine Autostunde entfernt. Ursula Rein hatte es ausgesucht, vor Monaten schon. Nach einer halben Stunde Fahrt gab es eine Umleitung, die übers Land führte. Lothar war aufgeregt. Es war die Hochzeitsnacht. Ursula nickte immer wieder beim Fahren ein.

Ich bin so müde. In den letzten Tagen hatte ich so viel zu tun für die Hochzeit und heute war es auch so anstrengend, erklärte sie.

Lothar verfuhr sich. Sie landeten irgendwo im Wald. Eine genaue Karte hatten sie nicht bei sich. Handys gab es noch nicht, und Bauern gehen früh zu Bett. Also fuhren sie aufs Geratewohl in die nächste Kleinstadt, wo es ein Telefon gab. Die Adresse des Hotels hatte Ursula Gott sei Dank bei sich.

Als sie ankamen, lag alles im Dunkel. Der Bedienstete, mit dem sie telefoniert hatten, machte ihnen auf. Es tut mir leid. Die Heizung funktioniert nicht. Wir sind mitten in der Renovierung. Möchten Sie eine Wärmflasche für das Bett?, fragte er.

Ursula, die mit ihrer Stimmung schon in der Nähe des Gefrierpunktes war, bat um zwei. Zu essen gab es auch nichts mehr. Das machte ihnen allerdings nichts aus, gegessen hatten sie ja bestens auf der Hochzeitsfeier. Ob er Champagner hätte oder wenigstens Sekt oder, wenn auch das nicht, vielleicht eine Flasche Wein, fragte Lothar.

Sorry, der Weinkeller ist abgeschlossen. Aber Bier habe ich, warten Sie mal. Er ging in die Küche. Ja, ist noch eine Büchse da.

Lothar hatte den ganzen Tag nicht getrunken, weil er ja noch fahren musste. »Schlosshotel« hatte seine frisch Angetraute ihm gesagt. Aber eine Hochzeitsnacht mit Bier?

Lothar ließ seine Frau als Erste ins Bad.

Kein warmes Wasser!

Er holte Wasser in einem großen Topf, das auf dem Herd der Küche zum Kochen gebracht worden war. Fröstelnd huschte Ursula ins Bett, das von den zwei Wärmflaschen vorgewärmt war. Lothar ging ins Bad, wusch sich kalt und putzte sich die Zähne. Er strich sich übers Kinn und beschloss, sich zu rasieren. Im Pyjama, den ihm seine Frau liebevoll zurechtgelegt hatte, kam er ins Bett, zu Frau und Wärmflaschen.

Das Bett quietschte. Ein paar Mal verrutschte die Bettdecke.

Mir ist kalt, sagte Ursula.

> Jeder der beiden fühlt sich für die Situation verantwortlich, aber kann sich nicht eingestehen, dass er einen Fehler gemacht hat. Wenn sie das könnten, dann könnten sie auch gemeinsam fluchen oder darüber lachen und müssten nicht denken, dass der andere einem Vorwürfe macht.
>
> Noch haben sich beide bemüht, die Pannen nicht tragisch zu nehmen. Aber das kann nicht lange gut gehen, weil sich die Frustrationen häufen werden. Entweder sie lernen, dass sie öfter Fehler machen; dann können sie dem anderen verzeihen, weil sie selbst auch Nachsicht brauchen. Oder sie werden die eigenen Schuldgefühle auf den anderen projizieren. Dann kommt heraus, dass sie den anderen für ihr Unglück verantwortlich machen, weil sie sich selbst für alles verantwortlich fühlen.

Als Ursula und Lothar Rein am Morgen aufwachten, war es immer noch ziemlich kalt. Aber der schöne Blick nach draußen in die Frühlingslandschaft und die Pracht des Zimmers, die sie am Abend nicht richtig wahrgenommen hatten, entschädigten sie. Das Frühstück war fürstlich, und mit einem Heizöfchen wurde es auch warm. Über die Hochzeitsnacht sprachen sie nicht, weder an diesem Morgen noch später. Tief in ihren Herzen machte sich Enttäuschung breit. Sie verübelten einander die Missgeschicke dieser Nacht. Improvisation, Romantik oder Humor lag ihnen fern. Aber das merkten sie noch nicht. Sie waren erleichtert, als es in den folgenden Flitterwochen annehmlicher wurde. Mit dem Wetter, dem Hotel und den Menschen in Italien waren beide zufrieden.

> Sie fragten sich nicht, ob sie mit sich selbst oder dem Partner zufrieden waren. Aber wie hätte ihre Antwort auch aussehen können?

Familienbeziehungen

Im dritten Jahr ihrer Ehe wurde Barbara geboren. Ursula Rein war glücklich mit ihrem Kind. Aber es gab da einen Stachel, den sie nicht loswurde: Wenn sie das Kind wickelte und säuberte, sah sie die Rötung auf der Haut mit tiefer Angst. War sie nicht sorgfältig genug? Der Kinderarzt hatte sie zwar beruhigt, aber war es nicht seitdem schlimmer geworden? Die Kleine hatte heute auch lustloser getrunken. War es genug gewesen? Dann wurde sie ängstlich und unruhig. Sie machte sich mit dem Kind zu schaffen. Das ließ sie ruhiger werden.

> Ursula Rein kann nicht erkennen, dass die Quelle der Angst in ihr selbst liegt. Sie macht belanglose Sachen bei ihrem Kind dafür verantwortlich. Das Kind seinerseits macht die Erfahrung, dass die Mutter um es ständig besorgt ist, und gewinnt die Überzeugung, dass es ein schlechtes Kind ist.

Ihr Mann hatte in dieser Sache eine klare Meinung. Er ging davon aus, dass seine Frau das Kind gut versorgte. Aber diese Zuversicht ihres Mannes half Ursula überhaupt nicht. Ihr Mann konnte die tiefe Wunde in ihrem Selbst, die sie so ängstlich machte, nicht heilen. Das war das eine. In der Tiefe ihrer Seele gab es einen Kampf, der noch weit schlimmere Folgen hatte.

Ursula Rein hatte die ehrliche Absicht gehabt, ihrem Mann eine gute Frau zu sein. Sie hatte sich ihm ganz überlassen, ihren Körper, ihr Leben und ihre Zukunft. Sie kochte für ihn, wusch seine Socken, Unterhosen und Taschentücher. Sie hielt das Haus sauber. Sie stand auf, wenn er aufstand, und sie ging mit ihm zu Bett. Sie schlief mit ihm, wenn er es wollte – oft jedenfalls. Wenn es für seine Position in der Firma wichtig war, ging sie mit zu Veranstaltungen, und sie trug die Kleider, die eine Frau an seiner Seite zu tragen hatte. Jetzt, vor der

Geburt des Kindes, hatte sie auch ihr Studium aufgegeben. Das alles tat sie gern und er genoss es sichtlich.

Aber sein Stolz heilte ihre Seelenwunden nicht. Im Gegenteil, sie hatte das Gefühl, dass er sie mehr und mehr auslöschte. Sie hatte das Gefühl, dass er sich von ihr nahm oder bei ihr liegen ließ, wie es ihm passte. So unterwarf er sie. Das war keine äußerliche Herrschaft. Jeder Außenstehende hätte gesagt, dass Ursula Rein vom ersten Tag an in der Ehe die dominante Rolle hatte. Sie sagte ihm mit leiser Stimme, was er tun sollte, und er tat es bereitwillig. Es machte ihm nichts aus, weil er seine Frau lieben wollte und weil sie besser als er wusste, was sie wollte, wenn auch er den besseren Realitätssinn hatte, auf den sie sich bei ihren Entscheidungen stützte.

Aber das half ihr alles nicht. Ursula Rein, die sich ganz in den Dienst der Familie, das heißt ihres Mannes und des Kindes, stellte, bekam das Gefühl, dass sie ihr Selbst aufgab. Sie gab alles, und so blieb ihr für sich selbst nichts.

Sie erschrak, weil sie Hass brauchte, um Distanz zu ihrem Mann zu bekommen, um neben ihrem Mann überhaupt sein zu können. Zunächst nur selten und wenig, dann mehr und mehr. Er aber bekam von alldem nichts mit. Und das war in ihren Augen das Schlimmste.

Ihre Mutter konnte Ursula Rein nicht um Rat fragen, wenn es um die Versorgung ihres Kindes ging. Sie musste fürchten, von ihr zu hören, dass ihre Zweifel berechtigt waren; denn ihre Mutter konnte von ihren Vorurteilen nicht ablassen. Ursula Rein kannte ihre Mutter nur als depressive, ewig nörgelnde Frau, die ihre positive Lebenseinstellung gegenüber ihrer Tochter nie sichtbar werden ließ.

Was also sollte Ursula Rein mit ihrer Furcht machen, sie sei keine gute Mutter? Sie verstärkte ihre Bemühungen um Barbara. Sie war immer zur Stelle, wenn die Kleine sie brauchte. So widerlegte Ursula Rein immerfort ihre Ängste. Das Kind gedieh.

Die Ängste und ihre Widerlegung waren etwas, was die beiden, Barbara und ihre Mutter, ganz allein miteinander abmachten. Es war das Bedürfnis der Mutter, ein sattes Kind zu sehen, aber nicht seinen

Hunger. Es war der Wunsch der Mutter, ein lachendes Kind zu sehen, Weinen war eine Anklage.
Ursula Rein bemerkte nicht, dass sie in ihrem Kind sich selbst sah, sich selbst als Säugling. Sie war dieser Säugling, den sie, ohne es zu ahnen, in Barbara fütterte, den sie hätschelte und den sie liebte. Aber der Säugling in ihr blieb unbefriedigt, der hatte seinen Groll gegen die Welt und die Menschen um sich herum nicht verloren. Es war die unverarbeitete Wut ihrer frühen Kindheit. Ursula Rein versuchte, ihn durch ihre Perfektion zu widerlegen.

Wenn ihr Mann abends nach Hause kam, bemerkte er die leichte Erschöpfung seiner Frau. Der Haushalt war in Ordnung, sein Essen war fertig, das Kind versorgt. Aber es kam immer seltener vor, dass sich die Eheleute aufeinander freuten. Es war auch kaum noch Begehrlichkeit zwischen ihnen. Es war zu selten, dass Ursula Rein, wie flüchtig auch immer, ihr Kind vergaß. Ihrem Mann gelang es nicht, sie davon zu überzeugen, dass es neben ihrem Kind noch anderes, Wichtiges und Schönes im Leben gab. So war Ursula Rein nur Mutter und hatte vergessen, wie sie es geworden war.
Barbara spürte das natürlich nicht. Aber sie spürte eines: Es gab zu wenig Augenblicke in ihrem jungen Leben, in denen ihre Mutter sie allein gelassen hätte. So blieb ihr Selbst schwach.

> Unmerklich war die Lust an dem Kind zur Besorgnis geworden. War es erst nur der Zweifel, ob sie als Mutter gut genug war, so waren später daraus Probleme von Barbara geworden. Und auch da gab es eine Entwicklung. Erst machte sich die Mutter Sorgen um das Kind, dann machte das Kind Schwierigkeiten, dann war seine Entwicklung gestört und schließlich war Barbara eine Kranke. Rückblickend wird die Mutter sagen, dass Barbara immer schon ihr Sorgenkind gewesen sei. Und als die Ärzte später von Erbfaktoren im Zusammenhang mit der Krankheit von Barbara sprachen, hatte sie endlich eine Erklärung dafür, dass es so früh schon Schwierigkeiten mit Barbara gegeben hatte.

Lothar Rein erfuhr von den Schwierigkeiten, die Barbara machte, durch die Erzählungen seiner Frau. Erst wollte sie nicht gestillt werden, dann spuckte sie. Probleme im Kindergarten kamen hinzu. Sie erzählte erfundene Schauergeschichten usw.

Ursula Rein konnte deswegen tagelang nicht schlafen, immer wieder kam sie in den Unterhaltungen mit ihrem Mann darauf zurück. Ich verstehe das nicht. Das Kind hat doch alles.
Manchmal empfing sie ihn schon an der Tür: Stell dir vor, was sie wieder angestellt hat!
Früher hatte ihr Mann erzählt, was er den Tag über in der Firma gemacht und erlebt hatte. Obwohl sie wenig davon verstand, hörte sie es doch gern. Später kam es ihr so vor, als stopfe ihr Mann seine Geschichten in sie hinein. Dann aber kam eine Zeit, da war gar keine Zeit für solche Berichte. Die Probleme mit Barbara bestimmten die Abendunterhaltung.

Es gab eine unausgesprochene Übereinstimmung zwischen den Eheleuten, dass es etwas Bedrohliches gab, das auch irgendwie mit Barbara verbunden war, aber auch noch von ihr ferngehalten werden konnte. Diese gemeinsame Aufregung über Barbara ersetzte eine andere Auseinandersetzung der Eheleute untereinander, nämlich über die Enttäuschungen, die sie einander zuschrieben. Vielleicht konnten oder wollten sie darum auch nicht die Frage stellen, warum Barbara all diese Dinge tat. Sie hatten, so gesehen, beide ein unbewusstes Interesse an den Auffälligkeiten von Barbara.
Barbara war so in das Zentrum des Familienlebens gerückt. Es drehte sich alles um sie. Sie stabilisierte die Ehebeziehung.

Mit den Jahren veränderten sich diese Unterhaltungen. In die Berichte von Ursula Rein schlichen sich Vorwürfe ein. Die Lehrerin hat mir erzählt, dass Barbara ständig auf die Toilette gehen muss. Das tut sie doch hier nicht. Und nach einer Pause: Nun sag doch mal was dazu! Dich scheint die Sache überhaupt nicht zu interessieren!
Die Sache wurde prekär, als Frau Rein schließlich ihren Mann für die sorgenvolle Entwicklung Barbaras verantwortlich machte. Erst unausgesprochen, dann offen, warf sie ihm seine Ignoranz, sein geringes Engagement, schließlich seinen »pathologischen« Charakter vor. Das war Ursula Reins Kriegserklärung an ihren Mann, der sie ohne Zögern erwiderte.
Die Konstellation war von da an eine andere. Lothar Rein hatte nicht nur eine Frau, die sich feindselig gegen ihn verhielt, und eine

Tochter, die zu missraten drohte, sondern er musste sich nun mit dem Vorwurf auseinandersetzen, dass er an allem schuld sei.

> Und das war darum so bedeutsam und für die Familienkonstellation so verheerend, weil er unbewusst diese Zuschreibung annahm.
> Und doch gab es ein tiefes Gefühl der Loyalität zwischen beiden.

Immer wieder versuchte Ursula Rein, sich beim Kinderarzt wegen Barbara Rat zu holen. Der bemerkte, wie es um Ursula Rein stand. Aber was sollte er anders tun, als zu versuchen, ihr die Ängste zu nehmen?
Alle Kinder haben Probleme im Laufe ihrer Entwicklung. Sie spucken oder schreien, haben Angst oder machen ins Bett, haben Bauchschmerzen oder Kopfschmerzen. Das sind normale Schwierigkeiten.
Mit der Zeit bekam er freilich mit, dass Barbara nichts ausließ. Es gab so gut wie keinen Abschnitt ihrer Kindheit, der nicht überschattet gewesen wäre von den Sorgen, die sich ihre Mutter wegen irgendeines Symptoms machte.
Die Mutter sprach mit Barbara über das, was ihr Sorgen machte. Aber sie machte ihr kaum Vorwürfe. Sie sah nicht das Aggressive im Verhalten ihrer Tochter. Erst nachdem Barbara durch die Pubertät war, empfand die Mutter schon mal heftige Gefühle von Wut ihr gegenüber.

Als Barbara vier Jahre alt war, wurde ihre Schwester geboren. Cornelia war ein ruhiges Kind. Von Ursula Rein wurde in der Anfangszeit viel Disziplin verlangt, das Kind mit allem zu versorgen, denn Barbara verstärkte mit dem Auftauchen der kleinen Schwester ihre Unarten.

> Für die kleine Schwester hatte dies Vorteile. Sie bekam eine unaufdringliche Liebe von ihrer Mutter, und so verlief ihre Entwicklung in ruhigen Bahnen.

Die Eltern und auch Barbara nahmen wie beiläufig zur Kenntnis, dass Cornelia größer und älter wurde. Es wäre aber auch richtig zu sagen, sie nahmen es eigentlich nicht zur Kenntnis.

> Es war Cornelias Strategie, sich möglichst unauffällig zu verhalten. Das rettete sie.

Sonntag in zwei Wochen sind euer Vater und ich eingeladen. Ihr sollt beide mitkommen, sagte Frau Rein zu ihren Töchtern.

Prima, war Cornelias Antwort.

Nach zwei Tagen erwähnte sie beim Mittagessen: In einer Woche schreiben wir einen Mathetest.

Zwei Tage später: Der Mathetest ist übrigens am Montag. Ich brauche das ganze Wochenende zur Vorbereitung. Halt, Samstag geht nicht, da muss ich mich mit Lene treffen.

Muss das sein, mit Lene? fragte die Mutter. Geht das nicht an einem anderen Tag? Dann könntest du dich am Samstag auf den Test vorbereiten und Sonntag mitgehen.

Au, die Verabredung am Sonntag habe ich ganz vergessen. Ich würde gern mitgehen. Aber das mit Lene kann ich nicht absagen. Sie muss mir genau erklären, was wir in Englisch machen.

Manchmal gab die Mutter dann auf. Wenn sie aber darauf bestand, dass Cornelia den Sonntag freimachte, würde Cornelia einlenken: Ich werde mit Lene sprechen, dass wir den Termin verlegen.

Ein oder zwei Tage später: Lene kann den Termin nicht verlegen. Du musst mir auch bei der Näharbeit helfen. Die kriege und kriege ich nicht fertig.

Entweder gab die Mutter jetzt auf, oder dieses Spiel ging noch eine Weile so weiter, bis klar war, dass Cornelia am Sonntag zu Hause blieb.

Cornelia hatte ein großes Repertoire an Entschuldigungen: Bauchschmerzen, Migräne, Schularbeiten, Treffen mit Freunden, die unabweislich waren, später ihre Tage. Sie fand fast immer einen Grund, der es selbstverständlich machte, dass sie sich von der Familie absondern konnte, ohne dass es wie eine Absonderung aussah. Im entscheidenden Augenblick saß sie vor ihrem Schreibtisch oder lag im Bett, und die Familie machte sich ohne Cornelia auf den Weg, als gäbe es sie gar nicht.

Als Barbara damit anfing, sich in die Arme zu schneiden, war es zunächst noch vergleichsweise harmlos. Es waren eher Kratzer. Ohne genau zu wissen warum, zeigte Barbara es ihrer Schwester. Es war vor dem Schlafengehen im Zimmer von Cornelia. Barbara war schon im Nachthemd. Sie kam, zog den Ärmel hoch und hielt ihr den linken Unterarm hin: Da! Hab ich selber gemacht. Barbara atmete schwer. Sie guckte verzückt auf das Blut, das in kleinen Streifen, den Arm entlangsickerte.

Du darfst es keinem erzählen!

Tu ich nicht, sagte Cornelia.

Die ältere Schwester tat etwas, was verboten schien, denn sie tat es heimlich und verlangte Verschwiegenheit. Als Cornelia im Bett lag, dachte sie noch daran. Was hatte das zu bedeuten? Wenn man sich versehentlich schnitt, tat es weh, es blutete, und es geschah eben aus Versehen. Was Barbara machte, war unheimlich und interessant. Cornelia war neugierig, was daraus werden würde. Es war eine kurze Erregung, die sie selbst spürte, und dann schlief sie ruhig ein.

Nie wäre Cornelia auf die Idee gekommen, den Eltern oder irgendjemand anderem etwas zu erzählen. Die Nachricht, die sie empfing, war tief in ihr verborgen, und es war für sie auch nicht schwierig, die Dinge für sich zu behalten. All diese aufregenden Ereignisse sickerten in sie hinein, wie Wasser in Sand, ohne Spuren zu hinterlassen. Was immer auch in der Familie geschah, Cornelia überstand es unbeschadet.

Cornelia gedieh im Windschatten von Barbara.

Die Mutter hatte gekocht. Barbara nahm sich eine Kartoffel, ein Stück Gemüse. Cornelia aß mit Appetit. Die Mutter versorgte den Vater, gab ihm das Essen auf den Teller. Sie plauderte dabei mit Cornelia. Es war ein vertrautes Gespräch zwischen Mutter und Tochter. Die Unterhaltung mit Barbara war wortkarger. Barbara sprach leise. Sie murmelte mehr, als dass sie sprach. Sie beteiligte sich auch nicht an der Unterhaltung. Wenn sie in die Unterhaltung zwischen Mutter und Cornelia über den Film, den Cornelia mit einer Freundin gesehen hatte, hineinplatzte und danach fragte, ob das Gemüse mit Öl oder Butter zubereitet sei, wirkte das skurril. Aber die Mutter hatte für Barbara eine intensive unterschwellige Aufmerksamkeit. Sie spürte die Aggressivität, die in der Frage lag, und reagierte gereizt. Die Frage selbst erschien ihr absurd und überflüssig. Aber sie war trotzdem sehr auf Barbara bezogen, sie reagierte immer und sofort auf sie. Sie unterbrach die Plauderei mit Cornelia, um bezüglich Öl oder Butter zu antworten.

Warum ist das denn wichtig?

Barbara murmelte etwas von Kalorien und Wasser und Gesundheit. Die Mutter verstand nicht, wollte zanken. Barbara zog sich zurück. Es sei ja alles nicht so wichtig. Die Mutter war nun doppelt frustriert, weil ihre Antwort nicht mehr nur als unbefriedigend, sondern auch als unnötig deklariert wurde.

Also gut, was willst du wissen? insistierte die Mutter.

Das Gemüse muss frisch sein, nicht aus der Büchse.

Ist es.

Nur Öl, keine Butter.

Ja doch, sagte die Mutter.

Es ging um einen vegetarischen Kartoffelauflauf mit Gemüse.

Aber da ist doch auch Sahne drin.

Nur ganz wenig, sonst schmeckt es doch nicht, räumte die Mutter ein.

Barbara schob ihren Teller wortlos von sich und aß nichts.

Nun kochte die Mutter über: Ich habe mir solche Mühe gegeben. Ich habe mir eigens überlegt, was du gern isst. Ich überlege, was gesund für euch alle ist. Ich kann dafür auch ein bisschen Dankbarkeit erwarten. Ein bisschen nur!

Das waren Argumente, die sie schon unzählige Male gebraucht hatte. Aber Cornelia ging dazwischen, indem sie auf ein Schulproblem hinwies, das sie noch zu lösen hatte. Damit zog sie die Aufmerksamkeit der Mutter wieder auf sich.

Der Vater aß wie die anderen und wurde von seiner Frau angemessen bei der Essensverteilung berücksichtigt. Aber nicht nur, dass er nicht sprach, die drei Frauen unterhielten sich so, dass eine Reaktion des Vaters weder erwartet wurde noch irgendwie ihren Platz gehabt hätte. In der Schulsache – es ging darum, dass Cornelia sich auf eine Arbeit in Biologie vorbereiten musste – wollte er wissen, wie Cornelia in dem Fach stand. Cornelia selbst gab eine sehr knappe Antwort und wandte sich wieder der Mutter zu.

Für die Mutter war es ein Anlass, sich an den Vater zu wenden: An deiner Uninformiertheit erkennt man dein fehlendes Interesse an Cornelia und ihren schulischen Leistungen.

Der Vater antwortete nicht minder aggressiv: Du verstehst doch selbst nichts von Biologie.

Darauf die Mutter: Die Kinder und ich haben es satt, sich von dir immer solche Frechheiten anhören zu müssen.

Der Vater grinste hämisch, Cornelia blickte resigniert zum Himmel, verstärkte noch einmal ihren Hinweis an die Mutter, sie müsse nach dem Essen ihre Arbeit für die Schule machen, Barbara begann, aufmerksam in ihrem Essen herumzustochern, und die Tafel wurde rasch aufgehoben. Die Kinder stellten die Teller zusammen, Lothar Rein ging in sein Arbeitszimmer zurück. Die Arbeit des Abräumens blieb für die Mutter.

> Die Familienkonstellation ist also so: Die Mutter hat gekocht. Barbara kritisiert die Mutter über ihr Mäkeln am Essen. Cornelia will ablenken, offensichtlich um die Mutter zu schützen, und macht ein Schulproblem zum Thema. So wie die Frauen darüber sprechen, fühlt sich der Vater ignoriert, was er als feindseliges Verhalten versteht. Mit seiner Frage nach der Biologie will er in Erinnerung bringen, dass er auch anwesend ist. Das nimmt die Mutter zum Anlass, alle Feindseligkeit gegen ihn zu lenken und sich als Wortführerin der Kinder darzustellen.

Später kam Robert, der Anwalt und Freund der Familie. Er wollte mit Herrn Rein etwas bei einem Glas Wein besprechen. Robert war guter Laune, machte Frau Rein ein gelungenes Kompliment, und die gab es mit einem Lächeln an Lothar weiter. Macht es euch bequem, geht schon in das Arbeitszimmer, ich bringe euch was zu trinken.
    Als sie den Wein brachte, meinte Robert: Setzen Sie sich doch einen Augenblick. Ich muss Ihnen und Ihrem Mann etwas erzählen.
    Er lachte.
    Ich hatte heute eine kleine Sache. Eine Strafsache, die ich für einen Bekannten übernommen hatte. Es war ein junger Mann in schwarzer Kleidung, gothic nennen sie es. Haben Sie bestimmt schon mal gesehen. Die Männer laufen in einem langen schwarzen Rock rum. Der Junge sollte etwas geklaut haben, hat er aber mit Sicherheit nicht, und das war auch leicht zu beweisen. Jedenfalls saß er da, ziemlich kleinlaut und war auch sehr freundlich. Alle waren in schwarz, der Richter und die Angestellte und der Staatsanwalt und ich in unseren Roben und der junge Mann in seiner Kluft. Das war wie eine schwarze Messe. Der Richter gab sich umgänglich, weil er die Sache auch schnell durchschaut hatte. Plötzlich schreit die Justizangestellte, springt auf und rennt zur Tür. Wie eine Eule sah sie aus mit der flatternden Robe. Eine weiße Ratte läuft über den Boden. Der Richter guckt die Ratte an

und ruft: Bitte gehen Sie in den Zuschauerbereich! Aber die Ratte hörte natürlich nicht auf die Stimme des Rechts. Nach einer Schrecksekunde mussten alle lachen. Kevin hat die Ratte im Nu eingefangen und in seinen Kleidern versteckt. Sein Maskottchen, sagt er. Die Justizangestellte steckte den Kopf durch die Tür und wollte wissen, ob die Ratte weg sei. Sie würde sonst nicht mehr reinkommen.

So eine kleine Ratte kann unser Rechtssystem schnell lächerlich machen, meinte Ursula. Wenn aber das Recht nicht so ehrwürdig daherkäme, würde es keiner beachten.

Ja, bestätigte Robert, aber dieser Richter ist ein souveräner Mann. Er hat am meisten über sich selbst gelacht, dass er in der ersten Überraschung die Ratte zur Ordnung rufen wollte. Und dem armen Jungen hat er es nicht übel genommen.

Eine Ratte in unserem Haus, nein, das würde ich nicht aushalten, was meinst du, Lothar?

Lothar schüttelte sich.

Wie man sieht, gingen die beiden nicht immer so hasserfüllt miteinander um. Zum Beispiel, wenn sie in Gesellschaft von Fremden waren, war der Umgang der beiden miteinander freundlich. Das war nicht, weil sie vor anderen ihren Streit verbergen wollten, sondern weil sie in der Gegenwart anderer besser in der Lage waren, ihre emotionalen Reaktionen zurückzuhalten. Man kann darum auch nicht daran zweifeln, dass es noch Positives, Verbindendes zwischen beiden gab. Auch dass sie bis zum Tod von Lothar Rein beieinander geblieben sind, ist ein Ausdruck ihrer Treue zueinander.

Im Hause der Reins gab es noch einen Menschen, der aber von den anderen eher wie eine Unperson behandelt wurde, nämlich die türkische Putzfrau Yilmaz. Man war freundlich zu ihr, bezahlte sie gut und schätzte ihre Arbeit. Darum kam sie schon seit vielen Jahren. Aber sie war für die Menschen im Haus nicht ein Wesen mit einem Lebenshorizont, mit Sorgen und Erwartungen. Sie war eher ein Teil des Inventars, wenn auch ein kostbares Stück. Nur Cornelia machte da eine Ausnahme. Sie hatte irgendwann zur Kenntnis genommen, dass Yilmaz auch Probleme mit ihrem Mann hatte, dass ihr die beiden Kinder, ein Junge und ein Mädchen, öfter Sorgen machten. So kam es, dass Cornelia die Einzige war, der Yilmaz schon mal davon erzählte.

Cornelia war auch die Einzige, die fragte und die mitbekam, dass die Tochter eine Ausbildung als Arzthelferin machte und dass der Sohn nach einer schwierigen Phase, in der er sich herumtrieb, schließlich doch sein Fachabitur machte und dann Maschinenbau studierte.

Der Lohn für das Interesse von Cornelia war, dass Yilmaz sie wie eine Tochter liebte. Als Cornelia heiratete, verlor sie das Mädchen aus den Augen. Aber nach der Scheidung traf sie sie gelegentlich, und Cornelia empfand immer eine große Beruhigung in Gesellschaft dieser türkischen Frau, die nie gut Deutsch lernte.

Ursula Rein fühlte sich nicht ganz, wenn sie nicht die emotionale Unterstützung eines Menschen hatte, den sie als mächtig und sicher erlebte. Diese Unterstützung, die jedes Kind braucht, hatte ihr ihre Mutter vorenthalten, und sie hatte die unbewusste Erwartung an Lothar Rein, dass er ihr das bieten könnte. Aber das konnte er natürlich nicht: Erstens weil er nicht wissen konnte, was sie in jedem Augenblick ihres Lebens an emotionaler Unterstützung brauchte, zweitens weil Ursula Rein, ohne es zu merken, ihn entwertete, drittens weil Lothar selbst Unterstützung ähnlicher Art brauchte.

Lothar hatte als Kind im Dienste seines Vaters gestanden, musste ihn emotional stützen. Ohne dass es der Vater bemerkte, hat er den Sohn missbraucht. Auch Lothar hatte ein tiefes Gefühl der Unvollkommenheit, weil er den Vater nicht von seiner depressiven Bedürftigkeit hatte befreien können.

Beide Eheleute suchten im jeweils anderen die elementare Bestätigung, die sie als Kind nicht bekommen hatten. Unvollkommen, wie sie sich fühlten, fühlten sie sich unbewusst auch schlecht. Im anderen suchten sie die Bestätigung, dass sie heil und gut waren. Das ist die Nähe, die sie suchten, die aber immer mit einer Enttäuschung endete.

Ein Ausweg für Ursula Rein war es, ihre vermeintlich schlechten Eigenschaften auf Barbara zu projizieren. Dafür durfte Barbara sich nicht von ihr trennen. In der Sorge um Barbara konnte sich die Mutter also gut fühlen, was heißt, dass sie die Krankheit von Barbara brauchte.

Lothar benutzte dafür teilweise Barbara, teilweise seine Frau, und er hatte seine berufliche Tätigkeit, blieb also innerlich auf

Distanz zu seiner Frau und den Kindern. Das wiederum bestärkte Ursula darin, dass sie keine andere verlässliche Beziehung hatte als die zu ihrer Tochter. Ohne Barbara wären die Eheleute, oder zumindest einer von beiden, vielleicht depressiv geworden.

Cornelia spürte intuitiv, dass ihr Heil darin lag, sich aus dieser Konstellation fernzuhalten. Der Preis, den sie dafür zahlte, war, dass sie eine durch und durch unauffällige Person wurde.

Cornelia war nicht hässlich, aber auch nicht schön, nicht laut, aber auch nicht besonders schweigsam, nicht verführerisch, aber auch nicht abweisend. Später, als sie diese Strategie nicht mehr brauchte, war sie ihr hinderlich. In ihrer Ehe führte es dazu, dass ihr Mann das Interesse an ihr verlor. Man ist geneigt zu sagen, er vergaß, dass er mit ihr verheiratet war. Es kam zur Scheidung, und Cornelia hat sich, wie so oft in ihrem Leben, geduckt. Ihre zwei Kinder haben sie aber für vieles entschädigt.

Karriere – Beruf und Familie

Lothar Rein nahm die Treppe mit Schwung. Wenn sie Krieg will, dann kämpfen wir. Hat doch gesagt: Es ist Krieg. Er war etwas fülliger geworden, Sport nicht seine Sache. Er keuchte. Aber er war doch noch jung genug.
 Guten Morgen, hörte er einen jungen Mann neben sich sagen. Er grüßte zurück. Sah den langen Flur des Gebäudes entlang. Da hinten war sein Büro, ein großes Büro mit zwei Vorräumen. In der Zeitung hatte er gelesen, dass Frauen nach wie vor älter werden als Männer und dass sie in einem orientalischen Land eine Frau gesteinigt hatten. Sie graben die Frau bis über die Taille in den Boden, fesseln die Hände auf dem Rücken. Dann werfen die Männer Steine. Wie wohl so ein Frauenkopf aussieht, nachher? Er verscheuchte die Gedanken an den Frauenkopf, an sie, an das Zuhause, an den Stellungskrieg. Hier war er doch Feldherr, der die Schlachten längst geschlagen hat, meistens siegreich. Er grüßte gut gelaunt zurück.

> Diese Fantasie von der gesteinigten Frau ist auch Ausdruck eines Wunsches. Lothar will seine Frau steinigen. So denkt er davor auch an den Krieg zwischen seiner Frau und ihm. Würde man ihn befragen, so würde er wahrscheinlich sagen, nein, eine Fantasie von einer Steinigung habe er nicht gehabt. Nicht weil er lügen wollte, sondern weil er die Fantasie sogleich wieder verdrängt hatte. Wir werden im Folgenden noch tiefer in die Gedankenwelt von Lothar Rein einsteigen, um diesen Mann spürbar werden zu lassen.

Die Sekretärin nahm ihm Tasche und Mantel ab. Er setzte sich. Eine Tasse Kaffee wurde ihm gebracht. Sein Assistent stand auf der Schwelle. Der Tagesplan. Zwei lange Konferenzen heute. Das erste eine Routinebesprechung mit den Mitarbeitern seiner Abteilung, von den Gruppenleitern aufwärts, personelle Besetzung, Zuständigkeiten, Fortgang der neuen Projekte. Dann eine Besprechung mit einer Lieferfirma zur Abgleichung von Terminen und Zuständigkeiten, auch Routine, auch nicht besonders wichtig. Aber er konnte nicht fehlen. Er musste die Details wissen. Die Unterschriftenmappen werden voll sein. Das Telefon läutete immer wieder. Die Stimme der Sekretärin mal freundlich, mal weniger freundlich. Es war Hektik. Akten lagen dort, waren zu lesen. Gesprächstermine mit Mitarbeitern gab es auch. Zwischendurch wählte er den Speiseplan für das Mittagessen und die Sekretärin gab es weiter: Suppe, Lasagne, Bayerische Creme.

Meistens hatte sie früher zum Abendessen eine Kerze auf dem Tisch. Er erzählte von seiner Arbeit. Damals war er ja noch im unteren Management. Schlanker war er damals auch, hatte mehr Haare auf dem Kopf. Sie hörte zu.

Schmeckt es dir? Er erinnerte sich an diese Frage.

Natürlich, es schmeckt sehr gut, hatte er geantwortet.

Warum natürlich? hatte sie oft gefragt. Am Anfang lachend, später bissig. Er dachte darüber nach.

Wenn er wollte, konnte er ein- bis zweimal die Woche mit ihr schlafen. Damals. Er musste nur auf ihre Seite des Bettes rücken und sie umarmen. Entweder sagte sie: Heute nicht. Oder sie sagte es nicht. Dann streichelte er sie, zog sie aus oder streifte ihr Nachthemd hoch.

Er las in seiner Unterschriftenmappe. Eine umständliche Wirtschaftlichkeitsberechnung für ein Zulieferungsproblem der pharmazeutischen Abteilung. Soll man die Verpackung für einen Teil der Tabletten weiter in der Firma machen lassen oder in Auftrag geben? Eine langweilige Materie, die für ihn Routine war. Schlechte Expertise dachte er. Unerfahrener Mitarbeiter.

Lass das!, hatte sie eines Tages gesagt. Geh auf deine Seite, ich brauche Platz zum Schlafen. Die nächsten Nächte auch. Irgendwann gab er auf. Die Kinder waren schon geboren. Sie stand oft nachts auf, als Cornelia noch klein war. Sie hat einen schlaffen Bauch bekommen. Und obwohl sie kaum gestillt hatte, waren die Brüste groß und hingen. Er sah sie kaum noch nackt. Sie wollte es nicht.

Er sollte sich den Mitarbeiter kommen lassen. Er kannte ihn noch kaum. Wenn die Verpackung in Auftrag gegeben wird, was ist mit der Auslastung der eigenen Maschinen? Wie modern sind die überhaupt? Abschreibungstermine fehlen. Dilettantisch.

Frau Weiß, der Rewe soll mal zu mir kommen.

Wenn ich jetzt nicht kann, schieben Sie es irgendwo zwischen! Er könnte ihn warten lassen, eine Stunde, oder ihn anfauchen, leise, höf-

lich und scharf wie eine Rasierklinge. Rewe würde rot werden, dann weiß, dann schwitzen. Das war immer so. Wenn er nicht irgendwann Schluss machte, würde er schließlich zittern. Ob er eine Frau hat, Familie? Er muss es lernen. Wenn er es lernt, kann er hier noch Karriere machen. Er ist nett. Er soll die Chance haben.
Bestellen Sie ihn für 18 Uhr.
Ja, nach Dienstschluss.
Der Besuch von, wie heißt er noch? Das bringt nichts, muss aber sein. Wie war noch mal der Name?
Claesen.
So ähnlich hieß doch der Chef damals, Klasen oder so ähnlich. Kalkweiß ist er geworden. Ich muss nach Hause, hatte er gesagt, war aber nur ein Stammeln, ging ohne ein weiteres Wort aus dem Raum. Die Sekretärin war auch aschfahl. Wie Gesichter so aussehen können? Was da mit der Haut passiert? Wenn man tot ist, sieht es bestimmt auch so aus.
Sein Sohn, tot gefunden. Heroin, hatte sie geflüstert.
Schrecklich, habe ich gesagt. War es ja auch. Für mich ein Glücksfall. Der ist dann bald selbst zusammengebrochen. Die Frau war sogar in der Klinik, glaube ich. Klar, wenn der Sohn sich einen Schuss gibt. So ist das Leben. Hätte sonst mindestens zwei Jahre länger warten müssen, um seine Position zu bekommen. Schade, dass es so ist: sein Pech, mein Glück.
Sie hat ihn für Barbara verantwortlich gemacht. Barbara ist krank und er ist schuld, sein »pathologischer« Charakter. Das war ihre Kriegserklärung. Gut, dann ist eben Krieg. Seine Frau sein Feind, die Tochter missraten. Und er sollte verrückt sein? Woher wollte sie das wissen? Er war doch erfolgreich im Beruf. Seine Eltern, zugegeben, waren komisch. Das hatte er auch immer gefunden.
Guten Morgen, meine Herren! Damen, sind keine hier, bis auf Frau Weiß. Die ist keine Dame, die ist Mutti. Schade. Wäre amüsanter als diese Karrieristen. Der Meier hat wohl wieder gesoffen. Schläft bestimmt gleich ein. Was dem seine Frau sagt? Mein Gott, Mutter sein reicht doch nicht. Traut sich nicht mal fremdzugehen. Noch ein paar Jahre und sie ist zu. Er schaute auf Frau Weiß und ihren großen Busen. Sein Herz tat ihm weh.
Es war eine lange Sitzung, in der minutiös die Tagungsordnungspunkte aufgerufen, diskutiert und abgehakt wurden. Die Feinabstimmung des Geschäftsverteilungsplanes. Herr Ritter sollte in Zukunft nicht nur die Planung der Marketingstrategie vorbereiten, sondern

sich auch aktiv darum kümmern, welche Produkte im Werk hergestellt werden können. Auf diese Weise wurde der produktive Sektor gestärkt und die Verkaufsstrategen gezwungen, ihre Pläne an den Produkten auszurichten und nicht umgekehrt. Er war konzentriert und gestattete sich keine Abschweifungen. Geraucht wurde nicht, weil er es nicht mochte. Von zehn bis zwölf dauerte die Sitzung. Selbst zum Klo ging keiner. Kann man doch auch mal zwei Stunden aufschieben. Erst zum Schluss gestattete er sich einige Freiheiten.

Dieser Kotzbühl dahinten, nee, Kotzebue. Ob die Frau immer noch auf'n Strich geht? Gefährlich wird der mir nicht mehr.

Ein Anruf des Justitiars wegen Mietverträgen, Netzwerkfragen mit dem EDV-Experten, tägliche Produktionslisten, immer wieder der Assistent.

Wie viele Mails der heute Vormittag gelesen hat? Macht es aber gut. Produktionsprobleme, Zulieferung, Personal, Kostenfaktor, Lagerung, Maschinenbruch, Telefon mit Kollegen, Zinsentwicklung, Telefonat mit Breuer.

Endlich Mittagessen. Heute allein. Hat man seine Ruhe. Er ist doch wer. Die Suppe. Nach Einkommen und Tätigkeit und Einfluss gehört er zu den Leuten, die zählen. Warum will sie es nicht verstehen? Lasagne. Gleich noch einmal eine Konferenz. Haben hier einen guten Koch. Da kann man auch einfach nur zuhören, die anderen arbeiten. Das bisschen Hausarbeit, mit Putzhilfe, Wäsche geht raus, Gartenarbeit macht die Firma, Fensterputzer kommt auch. Bayerische Creme. Kaffee.

Sie sieht immer noch so gut aus. Im Abendkleid macht sie eine tolle Figur, ist dann auch charmant zu ihm. So eine Gala ist ja mal ganz schön, aber passt nicht ins Leben. Ist was für die, die nichts mit sich anzufangen wissen, die Reichen und die Berühmten. War wirklich High Society, merkte man an den Fotos in der Yellow Press, eine Woche später. Sie wusste es natürlich vorher. Frauen wissen so was immer. Es gab auch ein Bild von ihm mit seiner Frau.

War aber ganz amüsant gewesen, der Abend. Aber zu dieser Sorte Mensch gehört er nicht, will er auch gar nicht. Könnte öfter auf solche Veranstaltungen gehen. Komische Menschen, diese Promis. Die haben keine missratene Tochter, die brauchen sich keine Sorgen zu machen. Vielleicht haben sie doch eine, haben es nur noch nicht gemerkt. Die sind nur sie selbst. Vater, was der wohl denkt? Die Mutter wird die Bilder in einer Illustrierten entdecken, er mit Frau.

Diese Promis sind nur sie selbst. Er ist mehr, hat sie und die missratene Tochter. Er empfand eine gewisse Genugtuung über die »missratene Tochter«. Die sind nur da, damit sie eben da sind, verbrennen im Feuer der Öffentlichkeit. Wenn der Sonnenkönig die Königin fickte, guckte der Hofstaat zu.

> Lothar Rein hat mit seiner Frau geschlafen, weil er scharf auf sie war. Er zankte mit ihr, verachtete sie und sehnte sich nach ihrer Liebe, weil er nicht anders konnte, weil er dadurch lebte. Diese Gefühle entstanden in ihm, weil es die Natur so wollte, weil die Situation so war und weil seine Lebensgeschichte ihn so geprägt hatte, dass er auf bestimmte Situationen mit bestimmten Gefühlen reagierte. Das Leben in der Familie war bestimmt von Gefühlen, und die wurden von ihm, seiner Frau und den Kindern gemacht.
> In seinem Arbeitsleben wurde nicht nach seinen Gefühlen gefragt. Hier orientierte er sich an Sachfragen, und alle Beziehungsprobleme hatten sich an den Sachfragen zu orientieren. Die Arbeitswelt repräsentierte die Wirklichkeit. Das gab ihm Sicherheit.
> Barbara, die hatte nur Gefühle, die sie nicht in Handlungen umsetzen konnte, die sinnvoll auf die Wirklichkeit bezogen gewesen wären. Sie konnte nur innerhalb der Familie handeln, was nur neue heftige Gefühle produzierte. Ihre einzige Möglichkeit, die Gefühle loszuwerden, war, sie in Symptome zu verwandeln. Man kann darum auch sagen, dass ihre Symptome der Versuch waren, eine eigene Wirklichkeit ohne Bezug auf die außerfamiliäre Realität zu schaffen.

Da hinten der Breuer mit Zigarre.
Hallo!
Er geht ja schon. Mit Breuer war er einige Male auf Dienstreise, in Spanien. Hat sich dort wohlgefühlt. Sie hatte nie was dagegen. Was sie sich wohl gedacht hat, zwei Monate in Spanien, allein als Chef einer Tochterfirma? Sie hätte ihn auch besuchen können, die Firma hätte es bezahlt. Besuch, um zu bumsen. Vielleicht war es ihr auch egal, wie er das machte.
Spanisch konnte er nicht. Engagierte darum als erstes einen Dolmetscher, der ihn ständig begleitete, selbst beim Mittagessen und abends. Der Öffentlichkeit teilte er mit, das Werk sei nicht rentabel. Von Entlassung keine Rede. Aber dreihundert Leute von fast achthundert wa-

ren zu viel. Journalisten bekamen Zahlen über die wirtschaftliche Situation, er machte alles mies. Markt total zusammengebrochen, hatte er verlautbaren lassen. Der Markt war schuld, nicht die Firma. Wichtige Politiker besuchte er persönlich. Dann rief er die Abteilungsleiter zusammen. Qualifizierte Mitarbeiter würde er befördern, sich persönlich für sie einsetzen. Eine Bedingung: Von acht Leuten mussten sie drei abgeben. Am Ende hatte er die dreihundert Mitarbeiter, die nicht mehr gebraucht wurden. Fast die Hälfte ging von selbst. Er brauchte nur wenig mehr als hundert Leuten zu kündigen, verteilt übers Jahr. Das fiel kaum auf, wegen der normalen Fluktuation. Selbst die Gewerkschaft war zufrieden, dass das Werk erhalten blieb. Er war der Held, tolles Husarenstück. Als er zurückkam, wurde er Vorstand. Breuer hatte da unten auch ne Freundin.

Was die überhaupt will? Nie war ihr was genug. Na ja, so sind Frauen eben, aber nicht alle so launisch und zickig. Er hatte es auch nicht leicht gehabt, mit Eltern ohne akademischen Abschluss auf diese Schule, und der Vater. Ihm wurde weinerlich, er schluckte, stand auf, ging zurück ins Büro.

> Einerseits hatte die Beziehung von Lothar zu seiner Frau oder den Töchtern nichts mit seiner Arbeit zu tun. Andererseits aber hätte er seine Arbeit nicht so machen können, wenn er nicht der gewesen wäre, der er war, und wie er war, darauf hatte die Familiensituation erheblichen Einfluss. Dass er sich in seinen Fantasien immer wieder mit der Familie beschäftigt, zeigt es ja.

Morgen Abend Gäste. Kollegen, Freunde zum Abendessen. Das kann sie gut, auch kochen, und sieht sehr festlich aus. Ist ja auch ein schönes Haus. Barbara wird keine Geschichten machen, ist in der Klinik. Man wird ihn bewundern, er wird es bescheiden zurückweisen. Könnte mit den Frauen flirten und tut es ihr zuliebe nicht. Das sollte sie ihm danken. Aber nein, Krieg. Gut, also Krieg!

Er grüßte ein Dutzend Mal auf dem Weg. Man ist ja gern freundlich, aber echt meinen die das nicht. Wer weiß, wer da an meinem Stuhl sägt, dachte er. Es verdarb ihm nicht die Laune. Noch war er leistungsfähig, noch erfolgreich. Wenn sie das auch nur anerkennen würde, dass er seine Sache gut meinte und machte. Er gab ihr das Geld, die Früchte seiner Arbeit wirklich gern. Er wollte ihr Mann sein.

Was wollte sie mehr? Was wollen die Frauen von den Männern? Gefühlsduseligkeit.

Die zweite Konferenz war schwieriger. Den Einfluss sichern hat langfristig große Wirkung auf die Profite. Das machte ihm Spaß, weil er hier intelligente, neue Lösungen finden, sich bei den Kollegen und Geschäftspartnern durchsetzen musste. Die Auswahl der Lobbyvertreter war wichtig, wenn die Richtung festgelegt und die Sache in Gang gebracht war. Hier zeigte sich, dass er gut war, es ist wichtig, gut zu sein, und alle müssen wissen, dass er gut ist. Nur sie! Nur sie! Verdammt noch mal, das Leben könnte anders sein, wenn sie das auch anerkennen würde. Was zählt denn bei ihr? Wenn sie keinen Orgasmus gekriegt hat, er hat es doch lange durchgehalten, hat das ihr zuliebe sogar trainiert.

> Immer wieder drängt sich ihm der Vergleich seiner Arbeitswelt mit der Beziehung zu seiner Frau auf. In der Firma gilt er als fähig, aber seine Frau hält nicht viel von ihm – in seinen Augen.

Der Kauf der Raffinerie würde sich lohnen, weil die eine Technologie haben, die Schule machen wird. Es fehlt ihnen nur das Marketing, das bringen wir. Es lohnt sich, wenn man die Details kennt und versteht. Er wusste, er versteht von vielen Dingen was, das muss man nicht jedem unter die Nase binden. Mein Gott, sind die Kollegen manchmal dumm!

Ein Anruf von ...?

Ja, stellen Sie durch!

Hallo, Jürgen, was kann ich für dich tun? ... Deine Partei interessiert mich nicht, aber wenn du es von mir willst, will ich es versuchen ... Das bedeutet für uns einen Verlust von mehreren Millionen. Die Produktion muss ausgelagert werden. Das müssen wir in Ruhe besprechen. Ich kann aber vielleicht etwas für dich tun, wenn meine Vorstandskollegen mitmachen ... Ich will es versuchen ... Ruf mich in drei Tagen wieder an. Dann machen wir einen Termin. Heute habe ich noch keine Übersicht über den ganzen Sachverhalt.

Nach der Konferenz ging er, hatte noch eine andere Sache vor. Es drängte ihn. Er parkte den Wagen, in einer Wohngegend, nicht ärmlich, schellte bei D., war gut gelaunt, als er sie begrüßte. Sie war nicht mehr ganz jung, vielleicht auch ein bisschen verlebt, aber schön, klein, mit feinem regelmäßigem Gesicht, dunkler Typ mit guten Proportionen. Mein Gott, wie aufregend. Die konnte man anfassen, einfach so, wenn es losging, den Schwanz irgendwo hinstecken. Sie macht, was ich will! Braucht man nicht mal zu erklären, warum und wieso und dass es geil ist. Die Beine sind nicht lang genug, aber die hohen Absätze machen sie doch aufregend.

Setz dich! Einen Kognak? Ach nee, du musst ja fahren. Also Kaffee?

Sie streifte den Morgenmantel ab und er sah auf ihren fast nackten Hintern. Als sie den Kaffee brachte, legte er die flache Hand auf ihre Pobacke, ließ sie zwischen ihre Beine gleiten. Willste das wohl lassen!

Er zog seine Hand zurück, aber wurde noch geiler.

Ich habe was gelesen über die Globalisierung, sie kramte auf ihrem Tisch unter Zeitschriften. Was meinst du dazu? Du machst doch was mit dem großen Geld. Unsere Firmen gehen ins Ausland und hier hat keiner mehr Arbeit. Ist das wirklich so?

Na ja, so schlimm ist es nicht. Aber unsere Arbeiter sind zu teuer. Du willst doch auch, dass die Sachen billig sind. Das geht aber nur, wenn die Löhne nicht zu sehr steigen. In China zum Beispiel sind die Löhne niedriger und darum sind die Waren billiger, wenn wir sie dort fertigen lassen und dann hierherbringen.

Aber wenn ich nichts verdiene, kann ich nichts kaufen, und ihr bleibt auf euren Waren sitzen, und die Chinesen wollen auch mehr Lohn haben, mit der Zeit wird es da auch so teuer.

Lothar lachte, bewunderte ihre Klugheit, aber er wollte nicht über die Globalisierung reden.

Mach dich mal ein bisschen freier, meinte sie. Hart oder weich? Schnell in sie hinein und die Entspannung – oder Strenge und Lust? Er war schon auf halber Höhe. Jetzt ein Abbruch, nein. Sie soll es in die Hand nehmen. Er zog sich aus, stand in Unterhosen da, schon mit einem Steifen.

Das Geld! Sie lächelte.

Ach so, ja. Er ging an seine Jackentasche, holte das Geld heraus.

Stell dich da in die Ecke und rühr dich nicht. Kein Mucks. Sie war streng und hart. Er folgte. Sie ging hinaus, kam in einem schwarzen Bikinikostüm, das die Brustwarzen und die Scham freiließ, zurück, in der Hand eine Peitsche.

Sie schlug ihn leicht. Willst du dich wohl ausziehen, dalli, dalli! Jagte ihn von einer Zimmerecke in die andere. Küss meinen Hintern!

Nein, Sklave. Zärtlicher! Ich bin doch keine Hure. Zärtlicher habe ich gesagt. Hier hast du deine Strafe.

Leg dich hin, auf den Bauch, dass ich dich auspeitschen kann. So, und jetzt leck mich! Knie dich hin!

Er tat, wie sie es befahl. Die Streiche waren nicht wirklich schmerzhaft, gerade so, dass die Lust größer wurde, vielleicht auch so, dass sie auszuhalten war. Er war ein willenloses Werkzeug.

Zeig mal deinen Knüppel her! Wehe, wenn da was passiert! Immer wieder schlug sie ihn sanft mit der Peitsche über den Körper. Er stöhnte unter der Last seiner Lust.

Sie trieb ihn an, spürte, ob er noch konnte, ob die Spitze seiner Erregung erreicht war, wie der Schmerz und die Lust eine Verbindung miteinander eingingen, beruhigte ihn, um dann die Lust auf ein höheres Niveau zu bringen. Sie war ebenso konzentriert bei der Sache, wie er sich gehen ließ.

Hol im Bad das Handtuch. Er tat es.

Leg dich darauf! Er legte sich auf den Boden, auf das ausgebreitete Handtuch. Sie stand mit gespreizten Beinen über ihm, die Scham konnte er sehen. Er stöhnte, wollte schreien.

Willst du wohl ruhig sein! Sie schlug ihn, und er konnte es aushalten, flog nicht auseinander.

Wehe, du rührst dich! Dann urinierte sie etwas auf ihn.

Später drang er durch die Öffnung des Slips in sie ein, nachdem sie ihm ein Kondom übergestreift hatte, und brachte seine Sache zu Ende.

Lothar Rein brauchte einige Zeit, um seine Balance wieder zu finden. Sie würde geduldig warten, bis seine Kräfte wiederkehrten.

Beim ersten Mal hatte ihn die Scham fast überwältigt.

Hat es dir gefallen?, hatte sie ihn trocken gefragt.

Die Frage verschaffte ihm etwas Distanz.

Ja, schon, meinte er, noch sehr unruhig.

Jetzt kannst du wieder deine Arbeit machen, kannst dich konzentrieren, brauchst keinen Frauen hinterherzuschauen oder nachzurennen. Du weißt, dass du wiederkommen kannst, wenn du willst. Du kannst es so haben wie eben oder anders. Du brauchst deiner Frau nicht böse sein. Die will nicht mehr mit dir schlafen, ja?

Er schwieg.

Davon lebe ich. Und nach einer Pause: Du bist ja immer noch ganz unruhig. Du musst dich fragen: Habe ich jemandem geschadet? Nein, hast du nicht. Aber du hattest Spaß.

Sie wurde nachdenklich: Man kann nicht immer Spaß haben, ohne anderen zu schaden.

> In der Lebensgeschichte von Lothar Rein gibt es keine Zwangsläufigkeit, die seinen sexuellen Masochismus erklärt. Aber dieser Masochismus erfüllte eine Reihe von Zwecken. Für Lothar bedeutete Abhängigkeit Demütigung. Demütigung konnte er entschärfen, indem er sie mit der sexuellen Lust verknüpfte. Zugleich konnte er seine Hemmungen überwinden und sich ganz seiner sexuellen Lust hingeben, weil diese Frau ihm vorschrieb, was er zu tun hatte. Aus eigener Verantwortung konnte er ja kaum etwas tun. Und wenn sie ihn schlug, büßte er für seine Lust. So konnte er damit auch seine Schuldgefühle in den Dienst der Lust stellen.

Dass er seine Sexualität aber mit einer Prostituierten praktizierte, bedeutet, dass er sie nicht in sein Leben integrieren konnte. Dafür lagen die Gründe bei Lothar, aber auch bei der Gesellschaft, in der er lebte. Lothar war ein Mann mit Familie, ein Mann mit einer Arbeit und ein Mann mit bestimmten Vorlieben, zum Beispiel seiner Sexualität. Diese drei Bereiche hat er nicht miteinander verbinden können.

Er fuhr nach Hause, wurde gereizt, ohne es zu merken. Woher die Angriffe kommen, man weiß es nie vorher. Frauen sind raffiniert, Männer tapfer und blöd. Aber er konnte was aushalten.

Abgründe – was ist normal?

Es war eine schöne Villa, die Ursula Rein mit ihrer Familie bewohnte, in einem grünen Stadtteil. Im Wohnzimmer, vor einem großen Fenster, mit Blick auf den Garten, saß sie oft in einem gemütlichen Sessel, mit einer Tasse Kaffee und einem Buch. Ursula Rein las viel und gern Romane. Es war still im Haus, wenn ihr Mann arbeiten war, Cornelia unterwegs und Barbara in ihrem Zimmer in der ersten Etage.

Romane beschreiben das Leben und sie beschreiben die Liebe zwischen Frauen und Männern. Aber sie beschreiben auch den unvermeidbaren Hass zwischen den Menschen. Unmittelbarer als im wirklichen Leben erkennt man im Roman, dass es die Spannung zwischen Liebe und Hass ist, die die Geschichten in Gang bringt und in Gang hält. Wenn es diese Spannung nicht gäbe, gäbe es keine Romane. Aber es ist etwas anderes, die Sehnsucht zu fühlen oder sie beschrieben zu lesen, die Qualen einer vergeblichen Liebe zu erleiden oder sie mit einer Romanheldin zu teilen. Es waren die Leidenschaft und die Liebe und deren Triumph über die Mächte der Finsternis in den Büchern, die Ursula Rein für ein paar Stunden den Frieden gaben. Mit sich allein, versunken in die Welt der Dichtung, an ihrem stillen Platz konnte sie die Erregung der Romanheldin als die eigene spüren. Sie konnte sich dem Mann hingeben, der sie besitzen wollte und sie doch nicht zerstörte. Sie konnte sich mit den Einzelheiten seines Körpers befassen und ihn besitzen oder sich besitzen lassen, wie sie wollte.

Ursula Rein seufzte. Es war kein Bedauern darüber, dass das alles nur Fiktion war. Nein, dass es nur erfunden war, war die Voraussetzung, um überhaupt mit so viel Aufrichtigkeit Anteil nehmen zu können. Ihr Herz bebte mit den Liebenden, und doch war sie immer Ursula Rein, die in ihrem bequemen Sessel, neben der Stehlampe vor dem großen Gartenfenster ein Buch las und gleich in ihre Küche gehen würde, um das Abendessen vorzubereiten.

Die Dramatik ihres eigenen Lebens erlebte Ursula Rein ganz anders, nämlich als banal, abstoßend und lästig. Nur lesend konnte sie genießen, was sie im wirklichen Leben mit Scham und Schmerzen erfüllte. Sie war ja nicht nur die Liebende ihres Romans, sie war auch das Böse, das die Romanwelt ständig mit Untergang bedrohte. Sie hauchte ja auch den Halunken und Verrätern Leben ein.

So erfüllte das Lesen der Romane zwei Funktionen. Ursula Rein konnte in einem Schauspiel beobachten, was doch aus ihr geboren war. Sie konnte durch das Lesen etwas ausleben, was sie sich nicht zuschreiben konnte. Die Leidenschaft, ihre sexuelle Erregung, ihre sadistische Lust an der Zerstörung, ihre masochistische Lust an der qualvollen Selbstzerstörung, das waren so mächtige Triebregungen in ihr, dass sie sich nicht hätte retten können, wenn sie sich dessen bewusst geworden wäre. Genau genommen konnte sie sich diesen Dingen nicht einmal ungeschützt in der Literatur stellen. Die Fantasien von Lust und Qual des Marquis de Sade, die Darstellungen der Foltermaschine in der »Strafkolonie« oder die Leidenschaft der Emma Bovary waren ihr schon zu bedrohlich. Sie begnügte sich mit der Literatur zweiter Wahl, wo alles geglättet und weniger drastisch ist. Aber darum ging es in ihrer Seele doch nicht herzloser zu, verbarg sie trotzdem – wie wir alle – in einer manchmal mehr, manchmal weniger gefälligen Landschaft Abgründe.

Ursula Rein hätte nie Worte gefunden, zu beschreiben, was ihr manchmal morgens im Bett durch den Kopf ging, was sie wenig später schon nicht mehr wusste: dass ein junger Mann sie liebevoll und zärtlich streichelte. Oder waren es schöne Frauen? In der Tür ein Mann, der ihr zuschaute, wie ein anderer dunkelhäutiger bei ihr lag. Ein gehauchtes Bild, das auf ihre Seele fiel und schon wieder vergessen war.

Was ihre Fantasien und geheime Leidenschaften betraf, war Ursula Rein keine ungewöhnliche Frau. Sie war auf ihre Weise sogar fantasievoller als viele andere.

Die Verwicklungen, die schließlich zu den tragischen Ereignissen um Barbara geführt haben, kann man nicht allein auf ungestillte Leidenschaften der Mutter zurückführen. Ursula Rein ist an der ganz normalen, alltäglichen Aufgabe gescheitert, an der viele Menschen scheitern, nämlich die Kräfte ihrer Seele zu zähmen. Sie war ihren Trieben hilflos ausgeliefert und konnte, trotz einiger günstiger äußerer Umstände, zu wenig von ihren Fantasien ausleben. Sie verband ein tiefes Gefühl der Unvollkommenheit und Scham mit ihnen. Das Lesen der Romane war eine übrig gebliebene Möglichkeit, wenigstens etwas davon in der Fantasie zu realisieren. Und selbst das erzeugte in ihr nicht selten Schuldgefühle.

Wäre es für Ursula Rein überhaupt möglich gewesen, eine größere innere Zufriedenheit zu erreichen? Ihr Mann hatte nicht dazu beitragen können. Aber kann man sich denken, dass es ein anderer Mann hätte erreichen können? Wenn das Schicksal Ursula Rein in eine andere Lebenssituation gebracht hätte, wenn sie zum Beispiel Fürstin in einem mittelalterlichen Staat gewesen wäre, hätte sie vielleicht ihre Sexualität genossen und ihre Grausamkeiten an anderen ausgelassen, viel Unglück erzeugt, um ihr eigenes zu begrenzen. Aber dass es einen Menschen geben könnte, an dem sie hätte erfahren können, dass sie nicht an sich leiden musste, das ist nicht vorstellbar. Insofern war sie keine gewöhnliche Frau, hatte sie kein alltägliches Schicksal. Vielleicht hat sie das gespürt und darum ihren Mann nicht verlassen. Ihn konnte sie für ihr ganzes Unglück verantwortlich machen.

Ursula Rein hatte nicht die Chance gehabt, in den Augen ihrer Mutter ein wunderbares, einzigartiges Wesen zu sein. Das Resultat waren ihr Hass und ihre Wut, die darauf hinausliefen, die Menschen ihrer Umgebung zu zwingen, ihre großartige Einzigartigkeit anzuerkennen. In ihrer Tochter Barbara hatte sie einen Menschen, in den sie das Unvollkommene ihres eigenen Wesens verlagern konnte und an dem sie beweisen konnte, dass andere nur mit ihrer Hilfe lebensfähig sind. Was sie dabei nicht bemerkte, war, wie sehr sie selbst dadurch von ihrer Tochter abhängig wurde.

In diesem Sinn versuchte sie unablässig, die eigene, längst vergangene Kindheit zu korrigieren. Sie war nicht unfähig zu lieben. Die Liebe von Ursula Rein war nur zu einem geringen Teil selbstlos. Sie opferte sich auf, aber sie wollte nicht wirklich wissen, was ihre Kinder und ihr Mann selbst wollten.

Als Barbara in einem psychiatrischen Krankenhaus einen jungen Mann kennenlernte, nahm Ursula Rein das anfangs eher belustigt zur Kenntnis. Josef war zwei Jahre älter als Barbara, ein sehr kindlich und dabei altklug wirkender Mann, der sich viele Gedanken über die Welt machte. Er hatte auch viel gelesen, war aber nach dem Abitur ohne Beschäftigung geblieben. Josef hatte Gefallen an Barbara gefunden. Seine Konsequenz daraus war der Versuch, sie für sich ganz in Beschlag zu nehmen. Er rief im Hause Rein an und tat ganz selbstverständlich, wenn er Barbara sprechen, sie sehen und sie auf seine Unternehmungen mitnehmen wollte. Dabei schien er sich gar nicht zu fragen, ob es Barbara passte oder nicht, von der Familie Rein ganz zu schweigen.

Frau Rein mokierte sich zunächst nur über das unmögliche Benehmen des jungen Mannes, der doch keine anderen Qualitäten in ihren Augen hatte, als dass er viele Male in psychiatrischen Anstalten zur Behandlung gewesen war. Als aber Barbara so ganz allmählich mit Josef außer Haus ging, erst zu einem kurzen Spaziergang, dann ins Kino, wurde sie unruhig. Sie wurde überschwemmt von depressiven und aggressiven Gefühlen. Ihr sonst so beherrschtes Gesicht erschien nun plötzlich wild und verwüstet. Wenn sie jetzt von Barbara sprach, war es eine Drohung:

Barbara ist frech und unverschämt, oder: Sie soll endlich irgendwas lernen und uns nicht mehr auf der Tasche liegen. Dann: Sie starrt den ganzen Tag nur vor sich hin. Das ist doch verrückt.

> Es war eine Katastrophe in der Seele der Mutter. Die Situation war nicht mehr kontrollierbar. Das Entsetzen, ihre Tochter zu verlieren, war aber nur eines. Das andere war ihre Überzeugung, dass es Barbaras Ziel war, sie, die Mutter, zu verderben. Diese unbewusste Fantasie hatte sich erstmals in der Schwangerschaft gerührt. Ihr Mann, Cornelia und Barbara arbeiteten Hand in Hand am Untergang von Ursula Rein. Ursula Rein war paranoid.

Die Sache mit Josef ist irgendwie im Sande verlaufen. Später erst hat Barbara die Liebe zu einem Mann entdeckt. Ihr Zustand war dann schon so, dass die Mutter ebenso wenig wie irgendein anderer an eine neue Entwicklung glaubte oder sie erkennen konnte.

Wie alle Menschen ahnte Ursula Rein, dass es auf Beziehungen ankommt, wenn man so etwas wie Sinn in sein Leben bringen will. Und das hieß vor allem Liebe. Liebe zu der Familie, aus der sie kam, und zu der Familie, in der sie lebte. Aber es hätte ihr etwas an ihrer Weiblichkeit gefehlt, wenn sie nicht auch die Leidenschaft zu einem Mann als das angesehen hätte, was – ja man muss schon sagen – zu dem Bestimmungszweck ihres Daseins gehörte. Gerade weil sie eine intelligente Frau war, weil sie moralische Maßstäbe hatte. Mit den kleinen Annehmlichkeiten des Lebens gab sie sich nicht zufrieden, obwohl sie sie schätzte. Sie liebte Musik und fand immer Freundinnen oder Paare, mit denen sie ab und zu ins Konzert gehen konnte. Sie genoss es, gelegentlich allein oder in Gesellschaft zu wandern, den Geruch von Wald und Wiesen, Wasserlandschaften, Gebirgen und Meer zu atmen. Ihr Haus war ihre Zierde, und wenn Gäste kamen, machte sie es sich zum Ziel, sie gut und bestens zu bewirten. Das alles tat sie mit Überzeugung. Wenn sie guter Laune war, ihr das Zerwürfnis mit ihrem Mann nicht so gewichtig erschien und sie die Sorgen um Barbara verscheuchen konnte, sagte sie schon mal: Wem sollte es nützen, wenn es mir schlecht geht? Und lachte.

Aber war es nicht so, dass sie das Schöne und Erhabene, das sie erlebte, mit jemandem teilen wollte? Wenn sie durch tiefe Wälder strich oder die Musik ihr Herz berührte, dann flüsterte sie ihrem Geliebten ins Ohr, was niemand je hören sollte außer ihm.

Das Erstaunliche war, diesen Geliebten gab es. Es gab ihn über ein Jahrzehnt in ihrem Leben und danach als Erinnerung. Aber Ursula Rein hat diese Liebe nie realisiert. Es gab keinen Kuss und keine Umarmung, keine verlangenden Gespräche in der Nacht am Telefon und keinen schmerzlichen Abschied. Ursula Rein liebte einen Mann, den sie manchmal sah, dem sie aber nie ihre Liebe gestand. Und doch gab es auch eine Geschichte mit ihm. Sie war ihm böse, sie war beleidigt, hoffnungsfroh und glücklich. Es gab ein erstes Kennenlernen und schließlich eine Trennung.

Dieser Mann war ein Arbeitskollege ihres Mannes. Er war einige Jahre älter als sie, ein ausdrucksvoller, eher kleiner, etwas rundlicher Mann in guter Stellung, verheiratet mit zwei halbwüchsigen Kindern. Er war nicht besonders gut aussehend, hatte aber Herzlichkeit.

Ursula Rein fand Gefallen an Rolf, als sie ihn kennenlernte. Sehr bald dachte sie in einem plötzlichen Anflug von Gewissheit: Das ist der Mann, mit dem ich glücklich werden könnte.

Wahrscheinlich hat Rolf nie etwas von der Leidenschaft dieser Frau geahnt, bestimmt hat er nichts davon gewusst. Sie war sehr freundlich zu ihm, und angesichts der emotionalen Kälte, die sie ihrem Mann gegenüber empfand, fiel ihre Freundlichkeit auch auf, aber sie blieb doch im Rahmen.

In gewisser Hinsicht war es klug, dass Ursula Rein einen Versuch, ihre Liebe zu Rolf zu realisieren, nie wagte. Sie spürte, dass die Nähe zu ihm ihr ähnliche Probleme bescheren würde, wie sie sie mit Barbara hatte. Sie war unfähig, einem Menschen, den sie liebte, eine unabhängige Existenz zu gestatten. Sie konnte einen geliebten Menschen nicht in ihrem Innern bewahren, wenn er sie verließ. Die morgendliche Trennung, wenn der Mann zur Arbeit ging, war für sie ein Stoß in den Abgrund der Einsamkeit, wovor sie sich nur mit Zorn schützen konnte. Eine Zeit lang konnte sie diesen Zorn in eine Verstimmung umwandeln, durch Aktivitäten verbergen oder mit ihrer Vernunft bekämpfen. Aber er nagte an der Überzeugung, dass ihr Mann es gut mit ihr meinte, und das war das Gift, das ihr Vertrauen zerstörte.

Ursulas Liebe zu Rolf blieb ein Ereignis in ihrer Seele. Die Liebe wurde keine Wirklichkeit.
Irgendwann hatte sie plötzlich das Verlangen, Rolfs Arme zu sehen, muskulöse behaarte Arme. Sie dachte an sie, auch bei ihren seltenen Masturbationen. Die waren nicht besonders ekstatisch. Sie fand sie angenehm und genoss die Entspannung danach. Sie schaffte sich so eher etwas Lästiges vom Halse, nämlich die Gefahr, sexuell erregt zu werden. Aber wie verkümmert ihre Sexualität auch war, so war es doch eine große Veränderung, dass sie nun plötzlich mit der Person und dem Körper von Rolf verknüpft war. Die Forderung ihrer Sexualität nach Erfüllung ließ sich nicht mehr so ohne Weiteres abweisen.
Das ging einige Monate so. Dann gab es ein Fest, auf dem das Ehepaar Rein mit Rolf und seiner Frau zusammentraf, ein Fest mit den üblichen Toasts und förmlicher Fröhlichkeit. Aber dieser Abend war anders, jedenfalls für Ursula.
Zwischen ihr und Rolf kam ein vertrautes Gespräch auf. Und da sowohl Ursula wie auch Rolf die Fähigkeit hatten, Vertrautheit ohne Anzüglichkeit herzustellen, war es ein Gespräch, das andere Personen, die an dem Tisch saßen, mit hineinzog, sodass es bald eine fröhliche Runde war, deren Mittelpunkt die beiden waren. Ihre Vertrautheit war

wie bei einem gut eingespielten Paar. Die gute Laune dieses Tisches war weder lärmend noch überlaut, sie steckte die anderen an.
Im Gespräch ging es um Naturerlebnisse. Ursula Rein erzählte, wie sie das letzte Mal mit ihren Eltern in den Urlaub gefahren war. Sie hatte sich noch vor dem Morgengrauen aus dem Hotel gestohlen und war an den Strand gegangen.
Ich war, glaube ich, 17. Ich bin in einem Strandkorb eingeschlafen. Als ich aufwachte, ging gerade die Sonne auf, vor mir, über dem Meer. Es war das erste Mal, dass ich so intensiv erlebt habe, was Natur ist. Ich meine, wie schön sie ist. Ich war allein und – wie soll ich sagen – es war so still und dann doch die Vögel in der Luft.

Keiner hätte sagen können, wie es sich entwickelt hatte. In Ursulas Fantasien begann eine Affäre. Ein halbes Jahr später schlief sie in Gedanken mit Rolf. Das erste Mal stellte sie es sich sehr prosaisch vor. Sie zogen sich beide aus und nach kurzer Zeit war die Sache schon vorbei, zwar lustvoll, aber fast mechanisch. Vielleicht musste es so sein, weil die Anspannung und Erwartung zu groß waren, weil Ursula Rein ihren Körper neu kennenlernen musste, um das, was folgte, überhaupt auszuhalten.
Beim zweiten Mal räumte Ursula sich mehr Zeit ein, eine ganze Nacht. Als Rolf erschöpft und ganz verloren doch noch in ihr ruhte, vergingen ihr fast die Sinne. Ihre Vorstellung wurde zum körperlichen Empfinden, das schließlich den ganzen Rolf umschloss.
Rolf schlief in ihr liegend, auf ihr liegend und neben ihr liegend in ihrem Bett, das er doch nie berührte. Ursula schloss kein Auge diese Nacht. Am nächsten Morgen war sie eine andere und die ganze Welt war anders. Es gab die Nachtwelt und die wirkliche Welt, die einander nicht berührten. Wenn der Wecker klingelte, viertel vor sieben, klappte sie ihr Nachterleben zu wie ein Buch und wandte sich den Aufgaben des Tages zu. Sie stand auf, putzte sich die Zähne, frisierte sich die Haare und warf sich einen Morgenmantel über. Dann kamen Barbara und Cornelia dran, das Frühstück ihres Mannes und schließlich saß sie am Frühstückstisch wie Millionen andere Hausfrauen, allein im Haus. Vor sich hatte sie die immer gleichen Aufgaben, auf die sie um nichts in der Welt verzichtet hätte.

Es ist bestimmt nichts Ungewöhnliches, dass eine Frau oder ein Mann fantasiert, eine Liebesaffäre zu haben. Mit diesen Fantasien lässt sich vieles besser ertragen. Glück, das wir nicht erleben, können wir wenigstens träumen. Es wäre ja auch nichts Ungewöhnliches gewesen, wenn sie versucht hätte, ihre Liebe zu Rolf zu realisieren. Sie hätte ein heimliches Verhältnis zu ihm haben oder versuchen können, die Beziehung zu ihm zu legalisieren. Ursula wählte einen Weg, der keines von beidem bzw. alles war.

Ursula Rein liebte, wie nur eine Frau lieben kann. Sie war kompromisslos genug – oder: in ihrer Liebe stark genug –, um die Wirklichkeit ihrer Wünsche zu fordern und zu versuchen. Allmählich erst, dann mehr und mehr machte sie den Schritt aus ihrem Reich der Fantasie in eine Wirklichkeit, die sie sich selbst schuf. Die Menschen um sie herum merkten, dass etwas mit Ursula Rein nicht stimmte, dass sie mit etwas beschäftigt war, was sie mit keinem teilte. Manchmal entfernte sie sich abrupt von den Menschen, mit denen sie gerade zusammen war, um sich ihren inneren Bildern oder ihren Gefühlen ganz hinzugeben. Oder sie lächelte in sich hinein, ohne dass es einen erkennbaren äußeren Grund gab.

Die Realität ihrer Liebe entstand sowohl plötzlich wie allmählich. Zuerst war es pure Fantasie. Aber irgendwann wusste sie, es ist so. Sie erkannte es daran, das Rolf eines Abends anrief und ihren Mann sprechen wollte. Das geschah zwar gelegentlich, aber dieses Mal sagte er am Telefon, als er zuerst Ursula Rein an den Hörer bekam: Wie geht es Ihnen? Ist das Wetter nicht so, dass man sich einfach wohlfühlen muss?

Sie wusste es sofort: Rolf wollte ihr sagen, dass er mit allem einverstanden war und alles wusste, was zwischen ihnen beiden war.

Eine Liebe zu fantasieren, ist nichts Ungewöhnliches. Dass Ursula Rein aber von der Wirklichkeit überzeugt war, heißt, dass sie keine sichere Fähigkeit hatte, zwischen Fantasie und Wirklichkeit zu unterscheiden. Sie war selbst im Kern psychotisch. Es gibt viele solcher Menschen, deren Psychose nur einen umgrenzten Lebensbereich betrifft. Sie sind zwar immer auch in anderer Hinsicht »gestört« – wie es Ursula Rein ja auch war –, aber nicht so sehr, dass sie auffallen würden.

Ursula sagte: Ja, Sie haben recht, und gab den Hörer an ihren Mann weiter.

Solange ihre Liebe zu Rolf für Ursula Rein nur Fantasie war, hatte sie Probleme mit ihrem Mann. Da war einerseits die Vorstellung einer erfüllten Liebe in ihrem Herzen und andererseits die konflikthafte Beziehung zu ihrem Mann. Diese Diskrepanz schmerzte sie. Es machte ihr die Unvollkommenheit ihres Lebens, ihr Unglück präsent. Die Fantasie, dass es eine bessere, eine vollkommene Liebe geben könnte, machte sie unglücklicher, als sie vorher gewesen war. Als sie aber das, was doch nur Fantasie war, zur Realität machte, brauchte sie ihre aggressive Abgrenzung von ihrem Mann weniger als früher. Sie wurde etwas duldsamer mit ihm; denn sie hatte ja nun einen, der ihr näherstand und der vor allem immer so war, wie sie ihn brauchte.

Nach einigen Jahren hat Ursula Rein das Verhältnis zu Rolf beendet. Erst schlief die Sache für sie allmählich ein. Nicht der Charakter von Realität, den sie ihren Fantasien gegeben hatte, sondern die Häufigkeit, mit der sie ihre Beziehung realisierte. Sie sahen und sprachen sich seltener, dann dachte sie nur noch sporadisch an ihn und schließlich beendete sie das Verhältnis. Es dauerte noch einige Monate und dann war sie Rolf böse. Das allerdings war sie nun auch in Wirklichkeit. Wenn sie ihn schon mal am Telefon hatte, weil er ihren Mann sprechen wollte, gab sie den Hörer wortlos weiter. Und wenn sie ihn sah, was ein- oder zweimal aus Zufall geschah, ignorierte sie ihn.

War Ursula Rein vorher schon einsam gewesen, so registrierte sie diese Einsamkeit nun auch – allerdings ohne Bedauern. Barbara war schon tot, zu ihrem Mann hatte sie ein Verhältnis, das mit einem Minimum an Kommunikation auskam, und Cornelia hatte sich auf ihre Art aus dem Haus gestohlen.

Auch Cornelias Hochzeit, die wir bereits kurz gestreift hatten, ist in diesem Zusammenhang interessant. Während Cornelia in ihrer Kindheit und Jugend immer Wege fand, sich von der Familie zu entfernen, kam sie nach ihrem Auszug als junge Frau zwar nicht eben häufig, aber doch regelmäßig zu Besuch. Ihre Ankündigung, dass sie nun heiraten wolle, kam ziemlich unverhofft. Niemand in der Familie hatte diese Entwicklung mitbekommen.

Lothar Rein freute sich. Ursula Rein hatte gemischte Gefühle. Barbara nahm es zunächst ohne besondere Reaktion zur Kenntnis, war aber zum anberaumten Termin hoch psychotisch. Man holte sie für ein paar Stunden aus der Klinik und setzte sie an die Hochzeitstafel.

Es war eine große Hochzeitsgesellschaft. Der Mann von Cornelia hatte zwei ältere Brüder. Beide waren verheiratet und hatten Kinder, außerdem hatte er eine Reihe von Tanten und Onkeln, die fast alle auch Familie hatten. Überdies hatte er viele Freunde zu diesem Fest eingeladen. Dagegen wirkte die Familie Rein ganz verloren. Außer den Eltern, der Oma Ruge und zwei Freundinnen der Braut hatte man niemanden laden können. Barbara war ein Bild des Jammers. Es schien, als ob niemand Kenntnis von ihr nehmen würde. Und Ursula Rein empfand Neid. Sie sah die Eltern des Bräutigams, die einander zugetan schienen. Sie lachten miteinander und tanzten. Cornelia war eine hübsche Braut. Da sie im Mittelpunkt stand, sah man endlich, dass sie eine gute Figur und ein ebenmäßiges Gesicht hatte. Die Mutter selbst empfand Überraschung darüber. Dieses Kind ging nun weg, und es war ihr, als ob sie das erst jetzt bemerkte. Dieses Kind ging weg, ohne dass es wirklich da gewesen war.

Nach dem Mittagessen hielt der Vater des Bräutigams eine kurze Rede. Er drückte aus, wie viel Hoffnung mit jeder Eheschließung verbunden ist und dass man dem jungen Brautpaar Glück und Kinder wünsche. Dann erzählte er einige Anekdoten aus dem Leben des Sohnes. Er berichtete auch, wie sich die beiden jungen Leute kennengelernt hatten, nämlich versehentlich. Christian, so hieß der Bräutigam, hatte bei einem geschäftlichen Auftrag die Adressen verwechselt und war in der Firma gelandet, bei der Cornelia in einem Büro arbeitete. Die hatte versucht, ihn wegzuschicken, während er darauf bestand, bei ihr an der richtigen Adresse zu sein. Die beiden hatten sich darüber so in die Wolle gekriegt, dass schließlich jemand von der Firma intervenieren musste. Es war Liebe auf den ersten Blick, meinte er. Und sein Sohn habe Recht behalten: Er war an der richtigen Adresse!

Die Mutter von Christian blickte all die Zeit gut gelaunt auf ihren Sohn und ihren Mann.

Liebe, dachte Ursula Rein, die das beobachtete.

Sie konnte nicht wissen, was die Schwiegermutter ihrer Tochter wirklich dachte: Er sieht aus wie sein Vater. Bestimmt ist er auch sein Sohn. Gewissheit hatte sie in der Sache nicht. Sie hatte immer mal neben ihrem Mann Liebhaber gehabt – ihr Mann auch, junge Männer. Aber auch das wusste keiner der Anwesenden.

Es wurde getanzt. Und da viele junge Leute da waren, wurde es ein ausgelassenes Fest. Es wurde Zeit, Barbara zurück in die Klinik zu bringen. Man konnte nie genau wissen, wie sie reagieren würde. Den Transport übernahm unauffällig die Mutter. Vater Rein gab eine gute Figur ab, von Repräsentation verstand er etwas. Außerdem war er wegen seiner beruflichen Position in der Runde anerkannt. Über die Veränderung, die die Heirat von Cornelia bedeutete, dachte er nicht nach. Er lebte in der Gegenwart und mit der, die ihn gerade umfing, war er zufrieden.

Das Brautpaar war einigermaßen glücklich. Cornelia war es bestimmt. Sie hatte nun einen Mann und hoffte, bald auch Kinder zu haben. Vor allem war sie ihrer Familie entflohen. Sie empfand sehr deutlich, dass sie mit dieser Hochzeit den letzten Schritt in die Unabhängigkeit gemacht hatte.

Bei Christian war es schwieriger. Die große Liebe war seine junge Frau nicht, obgleich er sie sehr gern hatte. Er schätzte ihr gutmütiges Wesen und hatte an ihrer unauffälligen anschmiegsamen Art Gefallen gefunden. Später, nach einigen Ehejahren würde er entdecken, dass die lauten, verführerischen Frauen ganz eigene Reize haben. Aber jetzt war er jung und sehr mit sich selbst beschäftigt. Da tat ihm diese Frau gut, die sich so ganz auf ihn einstellen konnte. Er konnte sich ausbreiten, er war nie allein, brauchte aber nur wenig Rücksicht zu nehmen. Als dann nach einiger Zeit die Kinder kamen, hatte er Freude an ihnen. Die Pflege und Sorge nahm ihm seine Frau weitgehend ab. Manchmal wunderte er sich allerdings darüber, wie wenig die Kinder auf ihn bezogen waren.

Es war merkwürdig: Durch die Verheiratung Cornelias, die doch nie viel für Barbara getan hatte und schon länger nicht mehr im Hause Rein lebte, fühlte sich Ursula Rein doch sehr belastet, was Barbara betraf. Die Anwesenheit Barbaras und die nie endenden Schwierigkeiten wurden unerträglich. So war sie auch zu dem Entschluss gekommen, ihrer Tochter eine kleine Wohnung in der Nähe zu besorgen.

Späte Liebe – die Kraft familiärer Bindungen

Lothar Rein war zweiundsechzig Jahre, als ihm die Firma nahelegte, etwas früher in Rente zu gehen. So wie er es immer gehalten hatte, machte er es auch in dieser Situation: Er tat das, was man von ihm erwartete.

Abschiede in Betrieben sind fast wie Beerdigungen. Jedenfalls sind es Trauerfeiern mit Erben, die ihre wahren Gefühle verbergen – auch vor sich selbst. So waren es nur wenige, die wirklich mit Lothar Rein fühlten. Aber da er auch in dieser Situation selbst nicht viel fühlte, war es irgendwie auch passend.

Der, der die förmliche Abschiedsrede hielt, hatte viele Jahre von der Arbeitsweise Lothar Reins profitiert und seinen eigenen nahen Abschied vor Augen. Die Gerührtheit, die vom Redner ausging, verbreitete sich auf die Festversammlung.

Und da war auch noch die Sekretärin von Lothar Rein, eine stille, fleißige Frau, die mit ihm ergraut war. Sie weinte.

Lothar Rein ging in Rente, ohne über die Folgen nachzudenken. Nun war er den ganzen Tag zu Hause und wusste gar nicht, was er tun sollte. Sich im Haus zu schaffen zu machen, war weder seine Gewohnheit noch hätte es seine Frau geduldet. Unerledigte Dinge, auf deren Erledigung sich so viele Menschen vor der Berentung freuen, gab es nicht. Das Fernsehen interessierte ihn nicht. So saß er unbeschäftigt oder Zeitung lesend im Haus, schweigsam wie er geworden war. War er unglücklich? Die bissigen Dialoge zwischen ihm und seiner Frau hatten mit den Jahren abgenommen. Vielleicht lag es daran, dass keine Zuhörer mehr da waren, die jeder hoffte auf seine Seite ziehen zu können.

Ursula Rein versorgte ihren Mann ordentlich. Er war ihr Mann. Und da er ihre Fürsorge annahm, gab es auch keinen Grund zum Streit. Es waren einige ruhige Jahre, die die beiden miteinander hatten. Es kamen mitunter auch wieder Unterhaltungen auf. Eine Bemerkung über das Wetter, die nicht als Vorwurf missverstanden wurde. Die Tochter hatte angerufen und mitgeteilt, dass sie mit den Kindern am nächsten

Tag für zwei Wochen nach Mallorca fliegen würde. Es waren karge Unterhaltungen, hingeworfene Sätze, die in resignativer Toleranz nicht auf einer Antwort bestanden.

> Die Beziehungsstruktur zwischen ihnen ist geklärt. Jetzt treten wieder die liebevolleren Züge ihrer Beziehung in den Vordergrund. Sie waren immer da, aber können sich jetzt besser entfalten.

Sie waren miteinander alt geworden, zweiundvierzig Jahre miteinander verheiratet, zu lange, als dass es noch irgendeine Alternative in ihren Herzen gegeben hätte. Ihre Körper zeigten die ersten Spuren des wirklichen Alters, den krumm gewordenen Rücken, den schleppenden Gang, die Falten im Gesicht von Lothar und die Runzeln um den Mund bei Ursula Rein. Es waren noch leichte Ausprägungen. Insbesondere Ursula Rein war nach wie vor eine ansehnliche Frau, immer noch wurde sie von den Männern beachtet, wenn es auch nun die grau- und weißhaarigen waren. Aber was nutzte das? Sie hatten die Schwelle des Alters überschritten. Das machte sie dem Leben gegenüber fügsamer.

Ursula Rein ging zu Cornelia, wenn sie ihre Tochter oder die Enkel sehen wollte. Die kamen selten zu Besuch, obwohl sie doch in der selben Stadt wohnten. Nur bei größeren Festen kam die kleine Familie schon mal vollständig im Hause der Reins zusammen.

Lothar Rein hatte die Gewohnheit angenommen, sich täglich die Zeitung von einem Kiosk zu holen, der etwas weiter entfernt war. So verschaffte er sich Bewegung und gab dem Tag Struktur. Es war eine überregionale Zeitung, an der er lange lesen konnte, auch nachdem er zum Frühstück schon die lokale Zeitung durchgeblättert hatte. Wenn man nichts zu tun hat, dann tut man die Dinge im Gleichmaß. Es ist der Mangel an Zeit, der zu Improvisation verführt. Lothar Rein stand um halb acht auf. Um halb neun war er mit dem Frühstück fertig. Um neun ging er aus dem Haus, die Zeitung zu holen, bei jedem Wetter, von Montag bis Samstag. Er las in der Zeitung bis halb eins. Dann stellte seine Frau das Essen auf den Tisch.

Eines Tages, es war ein nebeliger Tag im Oktober, kam Lothar Rein mit der Zeitung zurück und hatte Schwierigkeiten beim Sprechen.

Es ist … ist … grau. Nein, ist …

Lothar Rein setzte sich, noch im Mantel, auf einen Stuhl in der Küche. Sein Gesicht war blass, fast grau. Ursula Rein begriff sofort, dass es ernst war. Sie rief den Arzt. Da sich Lothar Rein schnell erholte, blieb er zu Hause. Nach wenigen Stunden waren die Symptome wieder verschwunden. Das Ganze wiederholte sich nach ein paar Wochen. Und eines Morgens wachte Lothar Rein auf und konnte den rechten Arm nicht bewegen. Der rechte Mundwinkel fiel herunter. Er hatte Schwierigkeiten beim Essen und Trinken, die Speisen liefen ihm auf der gelähmten Seite teilweise wieder heraus. Ein Schlaganfall war es, die Sprechschwierigkeiten waren die Vorboten gewesen. Lothar Rein kam ins Krankenhaus. Dann gab es eine intensive Rehabilitation. Aber den Arm hielt er noch immer angewinkelt und der Mund blieb schief. Er brauchte jetzt einen Stock, wenn er außer Haus ging.

Die Zunahme der Arbeit, die durch die Krankheit ihres Mannes bedingt war, akzeptierte Ursula Rein ohne Klagen. Auch in ihrem Innern machte sie ihm keine Vorwürfe für das, was ihr durch ihn zugemutet wurde. Es war merkwürdig. In ihrem Herzen machte sich sogar so etwas wie Versöhnung breit. Es war ein schüchterner Versuch der alten Frau, ihren Mann endlich doch zu lieben. Vielleicht war es das. Ursula Rein konnte nun alles für ihn tun.

War es nicht immer ihr Trachten gewesen, dass die Menschen ihrer Umgebung durch sie lebten, gut lebten? Mehr hatte sie doch nie gewollt, nicht bei ihrem Mann und nicht bei Barbara! Wenn sie sich aufopferte, fühlte sie in der Erschöpfung, dass sie doch etwas Gutes in sich hatte. Dafür waren die Menschen um sie herum Zeugen. Barbaras Schuld war, dass sie ihrer Mutter dieses Zeugnis verweigert hatte. Sie wollte die Milch ihrer Mutter nicht. Vergiftet sei sie gewesen, die Milch, hatte ihre Tochter behauptet.

Es war ein Tag im Vorfrühling, keine drei Jahre nach dem ersten Anfall, als ihn seine Frau am Morgen tot in seinem Schlafzimmer fand. Er lag auf dem Boden, etwa zwei Meter vom Bett entfernt. Die Muskelstarre war bereits eingetreten, also musste der Tod schon früh in der Nacht gekommen sein. Lothar Rein hatte sich beim Fallen verletzt, er hatte Blut verloren, woraus man schließen konnte, dass er nach dem Sturz noch eine halbe oder ganze Stunde gelebt hatte. Die kleine Nachttischlampe brannte. Frau Rein war an dem Abend weg gewesen und gegen elf nach Hause gekommen. Da sie im Zimmer ihres Mannes kein Licht sah, war sie davon ausgegangen, dass er bereits schlief. Lothar Rein hatte also danach noch einmal das Licht angeknipst und das Bett verlassen. Der Sturz musste durch einen erneuten Schlaganfall verursacht worden sein.

Unter den Trauergästen der Beerdigung, Mitarbeiter der alten Firma, Nachbarn und Bekannte der Familie Rein, war auch Robert mit seiner Frau. Auch er war inzwischen ein alter Mann. Er arbeitete noch ziemlich intensiv und weigerte sich so gut es ging, in seiner Lebensführung Zugeständnisse an das Alter zu machen. Aber es half nichts, er war dem Tod schon so nahegerückt, dass er nur noch die Dinge seines Lebens abschließen konnte. Das Neue war Sache der Jungen. Jetzt, als sie den alten Freund Lothar Rein zu Grabe trugen, war es ihm wieder schmerzlich bewusst.

Lothar Rein wurde bei seiner Tochter beerdigt. Es war ein alter Friedhof, weiträumig angelegt, mit großen Bäumen. Das Grab von Barbara, zu dem sich der Trauerzug bewegte, lag versteckt zwischen Hecken und Büschen. Es war dort Platz genug für die ganze Familie. Aber Barbara war bislang die einzige und da sie einen kleinen Grabstein hatte und nur Efeu und etwas Erika auf ihrem Grab wuchsen, konnte man das Grab kaum erkennen. Barbara hatte ein ruhiges Eckchen. Wie früher auf dem Kinderspielplatz hatte Ursula Rein oft auf der Bank davor gesessen. Ihr alter Groll war weg. Barbara war ihr wieder nahe. Sie fühlte wie in alten Zeiten, wenn das Kind auf sie zugerannt kam. Dann jauchzte die Kleine und Ursula Rein war glücklich. Oder sie hatte sich wehgetan und fand Trost in den Armen der Mutter. Ursula Rein wusste, dass auch Barbara die Stille des Ortes liebte.

Heute war eine Grube ausgehoben, es gab Blumen, Kränze und den Erdhügel. Als der Sarg in die Grube gelassen wurde, als Lothar Rein neben seine Tochter gebettet wurde, empfand Ursula Rein keine Eifersucht. Die Eifersucht hatte ihr früher das Leben so oft vergällt. Jetzt war es in Ordnung so, dass die beiden beieinander lagen und miteinander reden konnten. Sie stand vor dem offenen Grab. Die Menschen um sie herum hatten einige Meter um die Witwe freigelassen. Ursula Rein glaubte nicht an das, was der Pfarrer sprach. Aber seine Worte machten sie ruhiger. Es war der Glaube ihrer Kindheit. Sie dachte an ihren eigenen Tod.

Die beiden werden dann etwas zusammenrücken müssen, dachte sie fast ein wenig belustigt.

Da bist du ja endlich, wird ihr Mann zu ihr sagen. Und es wird nicht, wie früher so oft, gehässig klingen, sondern ein Seufzer der Erleichterung sein. Sie sah weit hinaus in die zeitlose Zukunft der Toten. Sie und ihr Mann und Barbara, Seelen, die sich am Horizont der Zeit ineinander aufgelöst hatten.

Einige Schritte hinter ihr stand Cornelia mit den Kindern. Sie war vor Kurzem geschieden worden. Ihre Tochter Julia war gerade fünf Jahre alt. Als ganz kleines Mädchen war sie auf den Opa zugegangen, und der war ganz überrascht gewesen. Es gab keine Verpflichtungen und keine Vorschriften, die ihm irgendjemand im Umgang mit dem Kind machte, und so hatte sich, vielleicht das erste Mal in seinem Leben, sichtbare Zärtlichkeit bei ihm entwickelt. Er hing an dem Kind, und die Kleine spürte das und hing an ihrem Opa, obwohl sie ihn nicht oft sah.

An ihre Tante Barbara hatte Julia keine Erinnerung mehr, obwohl sie sie noch gekannt hatte. Nachdem Barbara tot war, wurde über sie geschwiegen. Besonders Ursula Rein sprach niemals von ihrer ältesten Tochter.

Der Tod von Lothar Rein war ein Verlust für die Kleine, besonders jetzt nach der Scheidung der Eltern. Aber während die Menschen am Grab mit der Vergangenheit von Lothar Rein beschäftigt waren, dachte sie über die Zukunft nach. Sie hörte den Mann am Grab sprechen und dachte, dass sei der Tod, der den Opa mitnahm, denn er hatte ja schwarze Sachen an. Dann sprach er vom Himmel, in dem der Opa leben würde. Der Himmel war oben, aber das Grab war unten.

Wie kommt man in den Himmel, wenn man in das Loch geht?

Das würde sie gleich ihre Mama fragen. Und: Warum ist der schwarze Mann nicht mitgegangen?

Einfacher war es, sie stellte sich vor, dass der Opa nun da unten mit der Tante Barbara zusammen lag. Der Opa war nicht allein in der kalten Erde. Es war ein sonniger Tag. Da konnte man sich hier wohlfühlen. Gleich, wenn alle Menschen gegangen sein würden, würde wieder Ruhe sein. Es war bestimmt auch für die Tante Barbara besser, dass sie nun nicht mehr allein war. Das Wetter ist ja nicht immer so schön. Wenn es kalt ist, wenn es regnet und stürmt, dann ist es besser, man kann sich aneinanderkuscheln. Und nachts brauchte sie sich jetzt auch nicht mehr zu fürchten.

Nach der Beerdigung hatte Ursula Rein sehr schnell das Zimmer ihres Mannes aufgeräumt. In der Schublade des Nachttischchens fand sie viel Kram, Zettel, Taschentücher, Medikamente, ein Nageletui und Kugelschreiber. Unter anderem fand sie dort ein ziemlich altes Foto von sich. Es musste kurz nach der Geburt von Barbara entstanden sein. Sie war noch sehr jung auf dem Bild und sie machte einen fröhlichen Eindruck. Auf der Rückseite des Fotos stand ihr Name. Der Schrift nach zu urteilen musste es ihr Mann nach dem ersten Schlaganfall geschrieben haben.

Barbara war ohne Kinder geblieben. Es waren die Kinder von Cornelia, Julia und Jan, die das Leben fortsetzten. Cornelia kämpfte bei der Scheidung nicht um die Kinder – und das erwies sich als Vorteil. Da sie nicht kämpfte, verwandte ihr Mann auch nicht viel Kraft darauf, etwas zu fordern. Nach der Trennung wollte er die Kinder zwar oft sehen, aber nicht haben. Schließlich vergaß er sie fast. Wie es Cornelias Art war, nahm sie es hin. Sie verdiente ihr Geld und, da es nicht viel war, musste sie sich sehr einschränken. Aber sie blieb unabhängig. Ansonsten hatte sie, wie immer, den Schmerz aufgesogen, den ihr Mann empfand, weil seine Ehe gescheitert war, die Peinlichkeit, mit der es Ursula Rein aufnahm, und die Trauer der Kinder. Davon lebte sie.

An der Schwelle zum Alter fand Cornelia einen Mann, der ihre selbstlose Art zu schätzen wusste. Sie wurde richtig glücklich. Das Drama der Jugend um Leidenschaft und Selbstbezogenheit, das mit wechselnden Besetzungen immer neu gespielt wird, war für sie nie interessant gewesen, für ihren neuen Mann langweilig geworden. Sie war gesund, ihr neuer Mann war rüstig und ermunterte sie, sich mit ihm in der Welt umzusehen.

Ihr Sohn Jan war etwas bieder geraten, aber seine grundsolide Art war die Basis für das Gedeihen seiner vielköpfigen Familie und der Geschäfte.

Die Tochter Julia war als Fotografin erfolgreich. Und da sie eine attraktive Frau war, mangelte es ihr nicht an Verehrern, womit sie wettmachte, dass sie zu einer stabilen Beziehung nicht in der Lage war. An ihren Großvater blieb ihr eine dunkle, angenehme Erinnerung. Mit ihrer Großmutter hatte sie länger zu tun, da sie ziemlich alt wurde. Doch blieb ihr diese Frau fremd, und sie hat nie verstanden, warum der in ihrer Erinnerung so gutmütige Großvater die kauzige Großmutter geheiratet hatte.

Schizophrenie –
die gesellschaftliche Ebene

In diesem dritten Teil geht es um die gesellschaftliche Ebene der Krankheit von Barbara. Wieder werden sich dabei bereits bekannte Elemente wiederholen, wenn sie noch einmal aus einer anderen Perspektive beleuchtet werden.

Barbara kommt in die Psychiatrie. Das ändert an ihren Konflikten nicht wirklich etwas, obwohl es eine Erleichterung ist, dass sie nun als krank gilt. Es befreit Barbara und die Menschen um sie herum von der Verantwortung für vieles. Aber mit der psychischen Krankheit von Barbara kann eigentlich niemand etwas anfangen, am wenigsten, möchte man fast sagen, die Psychiater. Doch täuschen wir uns nicht, es gibt keine »richtige« Antwort auf die Provokation, die die Schizophrenie darstellt.

Auf einer psychiatrischen Station geht es merkwürdig zu. Vor allem hat man den Eindruck, dass Patienten und Ärzte eines nicht zur Sprache bringen, nämlich das Leiden. Aber der Wahnsinn hat auch seine faszinierenden Seiten, und die liegen in seiner Unbekümmertheit um alle Normen und Regeln.

Barbara stirbt, aber sie ist damit nicht aus der Welt. Robert, ihr väterlicher Freund, kann sie nicht vergessen. Er trifft Dr. Kraus, einen Psychiater, der ihm seine Gedanken zum Thema Schizophrenie darlegt – merkwürdige Gedanken. Damit sind die Fragen Roberts nicht beantwortet, aber er spürt, dass sein Leben nur gedeihen kann, *weil* es Menschen wie Barbara gibt. Damit endet das Buch.

In der Psychiatrie

Als Barbara aufwachte, war es schon hell. Der Lärm auf dem Flur hatte sie geweckt. Barbara sah zu den beiden anderen Betten in ihrem Zimmer. Eine der Frauen schnarchte, die andere atmete tief. Barbara zog die Bettdecke bis an das Kinn und wartete. Die Geräusche von draußen nahmen zu. Leute liefen hin und her, Türen wurden in rascher Folge auf- und zugemacht. Dazwischen waren Schritte zu hören, die immer näher kamen.

Eine Frau im weißen Kittel steckte den Kopf durch die Tür: Aufstehen! Sieben Uhr.

Die Augen der Frau in Weiß wanderten über die Betten. Es waren strenge Augen, aber aufmunternd, nicht böse.

Frau Landmann, Frau Riebock, Frau Rein aufstehen! Sehr laut sagte sie es und trat in das Zimmer.

Die beiden Frauen regten sich. Ja, ja.

Die Frau im weißen Kittel zog ab.

Barbara guckte über den Rand der Bettdecke.

Was waren das für Menschen, unter die sie geraten war? Die eine, die so laut geschnarcht hatte, war sehr dick und dabei noch jung. Sie schlurfte über den Boden, beide Hände vor sich haltend, als trüge sie ein Tablett. Sie lief ständig in dem kleinen Zimmer hin und her.

> Diese junge Frau bekommt Psychopharmaka, und zwar Neuroleptika. Die stellen ruhig, dämpfen vor allem die Gefühle und führen darum zu einem Rückgang der schizophrenen Symptome. Aber sie haben auch erhebliche Nebenwirkungen, die alten Medikamente in erster Linie muskuläre Verspannungen, die neueren oft Gewichtszunahme.

Als die junge Frau sah, dass Barbara wach war, fing sie gleich an zu reden.

Ich heiße Franziska. Wie heißt du? Ohne die Antwort, die Barbara murmelte, abzuwarten, fuhr sie fort: Ich bin jetzt schon fast zwei Monate hier, aber ich will bald nach Hause. Meine Mutter sagt auch, dass ich bald nach Hause kann. Ich muss noch Medikamente nehmen, aber bestimmt nicht mehr lange. Warum bist du hier? Wenn ich Ausgang kriege, können wir zusammen in die Cafeteria gehen. Das ist Frau Riebock, die hat eine Depression.

Währenddessen zog sie ihren Schlafanzug aus, lief nun völlig nackt weiter hin und her und zog sich dann an. Unterwäsche, Jeans, ein T-Shirt, alles schon etwas fleckig. Sie nahm die Zahnbürste und einen Kamm und ging hinaus.

Franziska benimmt sich wie ein kleines Kind. Das kann Folge der schizophrenen Störung, aber auch eine Nebenwirkung der Neuroleptika sein.

Wo ist das Badezimmer?, fragte Barbara schüchtern die andere, die etwas älter schien und liegen geblieben war. Nach einer Weile bekam sie die Antwort: Draußen.

Beim Frühstück saß Barbara mit anderen Patienten zusammen. Es gab nur wortkarge Unterhaltungen. Keiner nahm von ihr besondere Notiz. Aber sie gehörte dazu. Jeder duzte sie.

Die Patienten trafen sich nach dem Frühstück in einem großen Raum. Vom Personal machte Barbara die Krankenschwester von heute morgen aus. Der dunkle, ernst schauende Mann, der kaum ein Wort sagte, schien Arzt zu sein. Sie wurde freundlich von der Krankenschwester in der Runde begrüßt.

Wollen Sie uns etwas von den Problemen sagen, die Sie hierhergebracht haben?

Barbara schrak hoch. Was sollte sie von sich sagen?

Von der Polizei bin ich gestern Abend hierhergebracht worden.

Das schien zu passen. Jedenfalls waren alle zufrieden. Der, der Arzt zu sein schien, nickte. Barbara bekam gar nicht richtig mit, was man da noch zu ihr sagte. Aber hätte sie mehr Übung darin gehabt, hätte sie bemerkt, dass auch etwas Lauerndes in der Haltung des Personals lag.

Wie wenn ich gar keine Probleme hätte, dachte sie in einem Anflug von Übermut. Und eigentlich habe ich doch auch gar keine Probleme. Die Probleme haben die anderen mit mir.

Barbara war halb aufmerksam, halb hing sie ihren Gedanken nach. Sie verstand nicht ganz, was passierte. Die anderen Patienten wollten ihre Angelegenheiten regeln, Ausgang, Entlassung, Besuche. Aber wozu? Was gab es zu besprechen, wenn jemand gehen wollte? Man war doch nicht im Gefängnis. Gefängnis? Barbara erschrak. Sie realisierte, dass sie nicht mehr Herr des Geschehens war. Später überzeugte sie sich davon, was sie bei ihrer Einlieferung nur ungefähr mitbekommen hatte: Die Tür der Station war abgeschlossen, Bedienstete schlossen sie auf und schlossen sie zu, Patienten mussten schellen, wenn sie hereinwollten, und an der Tür des Stationszimmers warten, das man ihnen aufschloss, wenn sie hinauswollten.

Ärzte können einen Menschen auch gegen seinen Willen in eine psychiatrische Klinik einweisen und dort festhalten, wenn sie wegen seiner seelischen Krankheit eine Gefahr für sich oder andere darstellen. Das muss aber ein Richter überprüfen und genehmigen. Dafür haben die psychiatrischen Krankenhäuser eine geschlossene Station. Auf einer solchen befindet sich Barbara. Formal gesehen ist sie freiwillig dort, obwohl sie eigentlich nicht will.

Selbst wenn es ausreichend geschultes Personal gibt, sodass die Patienten in Gesprächen mit Psychologen oder Ärzten ihre Probleme besprechen können, mehr als eine Stunde pro Tag wäre nicht zuträglich. Darum liegt es nahe, das Stationsleben mit den Patienten gemeinsam zu gestalten. Es gibt in vielen psychiatrischen Krankenhäusern Gesprächsrunden, in denen die Patienten alle wichtigen Dinge des Stationslebens miteinander und mit dem Personal klären können. Lebensschule könnte man das nennen. Die Schwierigkeit besteht darin, die Sache so zu machen, dass sich die Patienten nicht wie im Kindergarten vorkommen, sondern ernst genommen fühlen.

Was nun?, dachte Barbara. Sie stand auf dem Flur. Raus konnte sie nicht. Sie hätte es ausprobieren können, einfach jemanden bitten, ihr aufzuschließen und einfach nach Hause gehen oder sonst wohin. Aber das traute sie sich nicht. Eine der Krankenschwestern wies sie an, ihr Bett zu machen. Das war wie ein Geschenk. Wenigstens eine Aufgabe. Sie beeilte sich, sie auszuführen. Aber dann war das erledigt, und sie fragte sich wieder: Was nun? Unschlüssig wanderte sie über die Station. Sie ging in das Zimmer, in dem sie ihr Bett hatte. Frau Riebock lag schon wieder. Sie schlief nicht, sondern lag da, ausdruckslos, und nahm anscheinend keine Notiz von Barbara. Aber Barbara fühlte sich dennoch beobachtet.

> Die Empfindungen von Barbara sind typisch für viele Patienten dort.

Wie ein Krokodil, das wie tot daliegt und dann plötzlich zuschnappt, dachte sie. Barbara hielt es nicht aus und ging wieder über die Station. Man konnte fernsehen. Was gerade lief, interessierte sie nicht. Es saß auch keiner vor dem Apparat. Aber sie wagte nicht, einen anderen Sender einzustellen.
Wie es schien, musste man sich hier nicht einmal anständig benehmen. Viele rochen ungewaschen, hatten schmutzige Sachen an, und kaum einer sagte Guten Tag. Sie beobachtete einen Patienten, der auf den Boden spuckte. Barbara schüttelte sich. Zu Hause hatte man ihr gute Manieren beigebracht, und sie legte Wert darauf.

> Ein solches Benehmen muss nicht sein, wenn das Personal Zeit hat, darauf zu achten.

Sie beobachtete Franziska. Immer wenn jemand durch die Tür auf die Station kam, lief Franziska auf ihn zu.
 Kann ich eine Zigarette haben?
 Kann ich mit Ihnen rausgehen?
 Wenn es jemand vom Stationspersonal war: Kann ich Ausgang haben? Wann werde ich entlassen?
 Man hatte nicht den Eindruck, als ob irgendeine dieser Fragen ernsthaft auf eine Antwort oder Reaktion abzielte. Und doch gab es hinter diesem kindischen Verhalten der jungen Frau etwas, was Barbara anrührte.

> Hinter einem solchen albern erscheinenden Benehmen ist immer ein ernstes Problem verborgen. Aber es ist schwer zu klären, welches, weil auch Franziska keine Antwort darauf wüsste. Meistens

liegt man richtig, wenn man das, was als störend empfunden wird, als die Botschaft betrachtet. Im Fall von Franziska würde das bedeuten, dass ihr infantiles Benehmen nicht ein Störfaktor, sondern die Botschaft ist, also etwa in dem Sinne: »Ich bin unfähig, die einfachsten Dinge zu tun, wenn ich nicht Anleitung dabei bekomme. Wenn ich euch damit auf die Nerven gehe, so darum, weil mich das auch stört. Ich möchte etwas erwachsener sein, aber ich kann es nicht, aus Gründen, die ich auch nicht verstehe.« Man müsste darum versuchen, herauszubekommen, was Franziska daran hindert, erwachsener zu werden. Am Ende dieses Kapitels werden wir einige Hinweise dafür bekommen.

Barbara war nervös. Sie konnte sich nicht mit ihren üblichen Gedanken an das Essen ablenken. Das kannte sie nicht. Das war neu. Interesse konnte man es noch nicht nennen. Aber es war schon Aufmerksamkeit, Aufmerksamkeit für das, was um sie herum geschah. Zu Hause, wo sie vieles hätte tun können, saß sie oft stundenlang wie entrückt auf einem Stuhl. Hier, wo das ihre Tagesbeschäftigung werden sollte, machte es sie unruhig.

Jemand vom Personal kam auf sie zu. Frau Rein? Heute Nachmittag will Ihre Mutter kommen und Kleider bringen.

Nach dem Mittagessen wurde sie gerufen. Der dunkelhaarige Mann, den sie in der morgendlichen Runde gesehen hatte, war tatsächlich der Stationsarzt, Dr. Schamadan. Er stammte aus einem orientalischen Land. Sie bemerkte, dass er noch Mühe mit der deutschen Sprache hatte. Sie fand ihn sympathisch.

Dr. Schamadan bat Barbara in sein Zimmer und fragte sie aus. Er war nett zu ihr. Ob sie schon mal krank gewesen sei, ernstlich krank? Als sie verneinte, fragte er noch einmal genauer nach: krank an Lunge, Herz, Leber etc.? Nein, war sie nicht. Er fragte nach den Narben am Unterarm, wie die zustandegekommen wären, er fragte nach Medikamenten, nach Fressanfällen, Gewichtskontrolle usw.

Was ist passiert auf Brücke? Warum wollten Sie springen? Sie sind auf Geländer geklettert. Warum?

Ich bin nicht auf das Geländer gestiegen, log Barbara. Ich wollte nur weggehen. Ich wollte mich nicht umbringen, was keine Lüge war.

Schließlich untersuchte er sie und entnahm ihr Blut.

Für das Labor, wie er erklärte.

Dann war Barbara wieder auf dem Flur und wusste abermals nicht, was sie tun sollte. Aber es verging keine Stunde, da wurde sie erneut in das Zimmer von Dr. Schamadan gerufen. Jeder neue Patient der Station wurde einem der Oberärzte, Herrn Dr. Hoffmann oder seiner Kollegin, vorgestellt. Da der Chef der Klinik schon beinahe das Pensionsalter erreicht hatte, überließ er viele seiner Aufgaben Herrn Dr. Hoffmann, der faktisch die Klinik leitete.

Was die Patienten betraf, vertrat Dr. Hoffmann die Ansicht, dass sie krank seien und darum Anspruch auf eine differenzierte Therapie hatten. Er gab sich große Mühe bei der Diagnosestellung. Krankheit war für ihn immer ein körperlicher Zustand, das war für ihn als Arzt selbstverständlich. So ging er wie viele seiner Kollegen davon aus, dass alle schweren psychischen Störungen durch eine Krankheit des Gehirns verursacht seien – wenn diese Krankheiten in den meisten Fällen auch noch nicht bekannt waren.

Ärzte wie er kommen mit dieser Art darum herum, sich mit der Lebensgeschichte der Patienten auseinandersetzen zu müssen. Diese Grundüberzeugung ist bestimmt für viele Patienten und ihre Angehörigen entlastend. Darum schätzen viele die konsequente Weigerung mancher Ärzte, psychische Störungen als Ausdruck einer missglückten Lebensgeschichte anzusehen.

Mit bei der Vorstellung war noch Frau Gluck, die Stationsschwester, die sich während der Oberarztvisite Notizen machte. Herr Dr. Schamadan berichtete: Frau Rein wurde gestern Abend nach Suizidversuch aufgenommen. Sie ist erste Mal in klinische psychiatrische Behandlung. Patientin hat auf Bahnbrücke gestanden, mit der Absicht zu springen. Passanten haben sie gehalten und Polizei gerufen. Polizei hat sie zu uns gebracht. Eltern haben erzählt, dass Frau Rein einen Brief geschrieben hat, sich umzubringen.

Ich wollte mich nicht umbringen, warf Barbara ein.

Das glauben wir Ihnen. Lassen Sie aber erst mal den Stationsarzt erzählen, meinte Dr. Hoffmann freundlich.

Barbara fügte sich.

Frau Rein ist achtundzwanzig Jahre alt und lebt bei Eltern. In der Anamnese gibt es keine körperlichen Krankheiten. Meine Diagnose lautet Borderlinestörung.

Und dann erzählte er dem Oberarzt noch eine Menge Dinge, die Barbara aber wegen der vielen Fremdwörter – medizinische Fachausdrücke, wie sie vermutete – nicht verstand und offensichtlich auch nicht verstehen sollte. Sie bekam aber so viel mit, dass er meinte, sie habe eine Depression. Die Bulimie und die Tatsache, dass sie sich geschnitten hatte, schienen auch wichtig zu sein.

Sie sagten, sie hatten nicht die Absicht gehabt, sich umzubringen, wandte sich Herr Dr. Hoffmann direkt an Barbara.

Ja, ich habe nur geschrieben, dass ich nicht mehr nach Hause zurückwollte.

Aber Sie haben doch auf der Brücke gestanden und wollten springen oder dachten zu springen, wandte der Oberarzt ein.

Ich wollte wissen, wie es ist, wenn ich springen würde. Aber ich hätte nie den Mut dazu, und ich hatte auch gar nicht die Absicht.

Nach einer Pause, in der keiner etwas sagte: Kann ich dann nach Hause gehen?

Ich glaube, dass es eine ernste Sache für Sie war, auch wenn Sie wirklich nicht an Selbstmord dachten, entgegnete der Oberarzt. Wie geht es Ihnen denn heute?

Gut, sagte Barbara.

Haben Sie sich in letzter Zeit öfter verstimmt gefühlt, sodass Sie zu gar nichts Lust hatten?

Ja schon, sagte Barbara.

Können Sie uns sagen, seit wann das so ist?, wollte Dr. Hoffmann wissen.

Schon lange. Ich kann das nicht so genau sagen.

Und Selbstmordgedanken, kennen Sie die?

Nein, log Barbara.

Wie ist es denn mit dem Antrieb. Konnten Sie in den letzten Wochen und Monaten gut arbeiten? Na ja, Sie waren ja nicht berufstätig. Haben Sie Ihre Sachen erledigt?

Ja, meistens schon, antwortete Barbara, wusste aber nicht so genau, was der Oberarzt meinte.

Er fragte nach dem Appetit, nach der Verdauung, dem Schlaf, der Regelblutung. Er wollte wissen, ob Barbara schon mal Zeiten hatte, in denen sie sich besonders gut gefühlt hatte, welchen Schulabschluss sie hatte, ob sie in letzter Zeit irgendwelche körperlichen Beschwerden hatte, und schließlich fragte er sie, dabei wirkte er fast ein bisschen verlegen, ob Barbara schon mal Stimmen gehört hätte. Barbara antworte auf all das wahrheitsgemäß, mehr weil es ihr unwichtig vorkam.

Wenn Barbaras Verhalten als Ausdruck einer Krankheit betrachtet wird, dann braucht man dafür eine Diagnose. Der Oberarzt dachte, anders als Barbara, nicht an Konflikte und Beziehungsprobleme mit den Eltern, sondern in medizinischen Kategorien. Er war, wie viele Ärzte, der Überzeugung, dass das Verhalten von Barbara Folge einer Krankheit war, die im Gehirn lokalisiert ist. Am ehesten kam für ihn eine Depression infrage. Darum fragte er sie genauer nach den Symptomen einer Depression. Barbara ihrerseits spürte, dass Selbstmordgedanken für den Arzt ein Grund gewesen wären, sie länger in der Klinik festzuhalten.

Am Ende fragte Barbara ganz kühn: Und was geschieht jetzt?
Es ist bestimmt besser, wenn Sie einige Zeit bei uns bleiben. Wir werden einen Behandlungsplan für Sie entwerfen, entgegnete der Oberarzt.
Er schien befriedigt und lächelte Barbara zu, als ob sie gemeinsam eine schwierige Aufgabe glücklich zu Ende gebracht hätten.
Barbara registrierte, dass sie also krank war. Einerseits beruhigte sie das. Andererseits dachte sie: Wieso bin ich krank?

Am späten Nachmittag kam Frau Rein, um ihrer Tochter Wäsche, Toilettenartikel und ein paar Bücher zu bringen. Sie habe schon früher kommen wollen, aber am Telefon habe man ihr gesagt, sie solle nicht so früh kommen, da noch eine Reihe von Untersuchungen vorgesehen seien. Am Nachmittag seien auch Handwerker zu Hause gewesen. Das Dach über der Terrasse vor dem Wohnzimmer werde abgerissen. Da komme ein neues Glasdach hin. Man wolle möglichst schnell mit dem Stationsarzt, besser noch mit dem Oberarzt sprechen. Darum war der Vater mitgekommen.
Aber der Besuch der Eltern war ungemütlich. Barbara sollte die Station nicht verlassen, so musste man sich in den Flur setzen. Barbara wurde zweimal weggerufen. Einmal sollte sie ein Formular unterschreiben, dann schickte man sie zum EEG: Ableitung der Hirnströme, erklärte eine junge Krankenschwester.
Weder mit dem Stationsarzt noch mit dem Oberarzt war ein Besprechungstermin möglich. Das machte die Eltern missgelaunt. Aber weder sie noch Barbara stellten infrage, dass Barbara auf der Station bleiben würde. Die Mutter erläuterte, was sie mitgebracht hatte, und

dass sie täglich, wenigstens alle zwei Tage kommen würde, um Barbara zu besuchen. Wenn ihr die Handwerker nicht einen Strich durch die Rechnung machen würden. Die schmutzige Wäsche könne ihr Barbara mitgeben. Cornelia würde bestimmt in den nächsten Tagen auch einmal vorbeikommen. Die Eltern umarmten Barbara zum Abschied. Nach der Brücke fragten sie nicht und auch nicht danach, was denn mit dem Brief eigentlich gemeint war.

Dann kam das Abendessen. Danach war es irgendwie geselliger auf der Station. Patienten sprachen sie an. Aber Barbara hielt sich zurück. Eine Krankenschwester kam auf sie zu und forderte sie auf, einige Tabletten zu nehmen. Wozu?, dachte Barbara, nahm sie aber.

Der nächste Tag war langweiliger als der erste. Es gab ja keine Untersuchungen. Barbara wartete sehnsüchtig auf den Besuch der Mutter und lungerte auf der Station herum. Sylvia kam auf sie zu. Die hatte sie am Vortag schon gesehen, aber da war die etwa gleichaltrige junge Frau immer an ihr vorbeigegangen. Jetzt strahlte sie Barbara an.

Du bist zum ersten Mal in der Klapse, was? Man gewöhnt sich dran. Nachher ist es sogar besser als anderswo.

Sie erklärte ihr, welcher Pfleger besonders nett, welcher faul, welche Schwester grob war, was man der Oberärztin sagen musste, wenn man Ausgang haben wollte oder weniger Medikamente.

Du musst ihnen sagen, wie gut sie sind. Du musst über deine Stimmen reden. Ach, du hast ja keine. Wahrscheinlich schneidest du dich. Da ist es anders. Das können sie nicht leiden. Besonders die Psychologen können kein Blut sehen. Die können auch keine gesunden Patienten leiden. Sylvia lachte.

Es gibt in psychiatrischen Kliniken immer Strukturen der Patienten, die das Personal überhaupt nicht mitbekommt, die aber für die seelische Hygiene der Patienten entscheidende Bedeutung haben. Sie können so Reste ihrer Autonomie wahren.

Barbara staunte, als sie Sylvia so reden hörte. Die fuhr fort: Manche kiffen hier auf der Station. Habe ich früher auch gemacht, aber jetzt nicht mehr. Wenn du was haben willst, der Jonas glaube ich, der mit den Ohrringen, der hat Gras. Der hat auch ein Handy, obwohl das hier verboten ist. Er lässt dich auch telefonieren. Er kann auf dem Handy sehen, wie viel Gebühren das kostet, und das musst du ihm bezahlen. Ich glaube er macht das so, dass er daran verdient. Der Jonas ist manchmal nachts auf. Die Nachtschwester mit dem Dutt, die schläft schon mal in der Nachtschicht. Da kann man sich gut treffen, muss aber leise sein.

Wie lange muss man denn hierbleiben? fragte Barbara schüchtern.

Sylvia lachte wieder. Ich weiß ja nicht, was du hast. Du schneidest doch, oder?

Ja, schon, gab Barbara zu.

Die bleiben hier nicht lange. Die letzte haben sie fast die ganze Zeit fixiert. Die hat sich fast in Stücke geschnitten. Dann haben sie sie mit Medikamenten vollgepumpt, dass sie nicht mehr Piep sagen konnte. Die ist auf allen Vieren aufs Klo gekrochen und hat sich da mit einer Scherbe den Arm geschnitten. Die hat sich auch schon mal auf den Boden geworfen und nicht mehr geatmet. Wie sie das gemacht hat, weiß ich nicht. Das könnte ich nicht.

Das wusste Barbara wieder besser: Einfach lange genug tief und schnell in der Hocke durchatmen und dann schnell aufstehen.

Dann ist ihr Freund zu Besuch gekommen und hat ihr was gesagt. Danach hat sie sich zwei Tage ganz normal benommen, und die hier sind froh gewesen, dass sie sie entlassen konnten. Wenn eine wie du schnell entlassen werden will, musst du sie ein paar Tage ärgern und dann sagen, jetzt sei wieder alles normal. Du lässt dann alles und sie können dich als gesund entlassen.

Dann fügte sie hinzu: Bei mir ist das anders, ohne zu erklären, was sie damit meinte.

Nachmittags kam die Mutter. Dr. Schamadan hatte Barbara erlaubt, mit ihr eine halbe Stunde spazieren zu gehen. Das Wetter war schön, so gingen sie durch den Park, der zur Anstalt gehörte.

Als die Mutter Barbara an der Stationstür wieder ablieferte, wurde Barbara eilig von der Krankenschwester durch die Tür gezogen, sodass sich die Mutter kaum verabschieden konnte. Aus einem Zimmer hörte man lautes Gebrüll. Es polterte und dazwischen gab es laute Schreie von Männern und Frauen. Die Patienten auf den Gängen taten so, als hörten sie nichts oder feixten.

Ihr Schweine! Ihr dreckigen Schweine!, hörte Barbara. Pfleger kamen auf die Station gerannt, dann eine Schwester mit einem Tablett, auf dem allerlei medizinisches Zeug lag. Sie verschwanden in dem Zimmer. Nach einer Weile wurde es ruhiger. Schwestern und Pfleger kamen nacheinander heraus und gingen in den Personalraum. Schließ-

lich kam auch Dr. Schamadan und schloss langsam die Tür hinter sich.
Eine halbe Stunde später war nichts mehr von der Aufregung zu spüren.

Was in Krankenhäusern ansonsten die lebensbedrohlichen Zustände sind, das sind in psychiatrischen Kliniken solche aggressiven Entladungen einzelner Patienten.

Am nächsten Tag lernte Barbara den Mann kennen, der so gebrüllt hatte. Es war Franz, ein Alkoholiker, der im Rausch von der Polizei in Handschellen eingeliefert worden war. Heute war er kleinlaut und katzbuckelte vor dem Personal, was die Patienten mit Verachtung registrierten. Er war verschwitzt und zitterte wie Espenlaub. Aber er bekam Medikamente, und dadurch ging es ihm bald besser.

Franz hatte Entzugssymptome.

In den folgenden Tagen gab es einen Gesprächstermin der Eltern bei Dr. Schamadan. Die Eltern machten einen entspannten Eindruck. Die Erwartung an den Arzt war in ihr Gesicht geschrieben. Die Sache mit Barbara hatte ja eine überraschende Wendung bekommen. Eigentlich hätte man eher darauf kommen sollen: Für die Probleme der Tochter gab es schließlich Ärzte und Spezialkliniken.
Der Arzt begrüßte die Eltern höflich und wies darauf hin, dass er noch nicht viel zur Diagnose und zur Therapie sagen könne. Barbara sei ja schließlich erst ein paar Tage in der Klinik. Man müsse sie beobachten. Die Untersuchungsergebnisse seien auch noch nicht alle da, und die Beratung mit dem Oberarzt sei wegen der Kürze der Zeit gerade bis zur Vorstellung von Barbara gediehen. Über die vorläufige Diagnose könne er aber schon etwas sagen: Borderlinestörung mit Depression. Deswegen sei ein Antidepressivum schon angesetzt. Die bisherigen Laboruntersuchungen, auch das EEG, haben keinen pathologischen Befund ergeben.
Die Eltern hatten Verständnis. Dass man in so kurzer Zeit nicht allzu viel erwarten durfte, leuchtete ihnen ein. Das lange zurückgehaltene Bedürfnis, selbst zu erzählen, brach jetzt durch. Barbara hatte ihnen so viel Kummer gemacht. Wir haben uns immer gefragt, was

machen wir wohl falsch? Ich habe Nächte lang nicht schlafen können, erklärte die Mutter. Man kann ja mit keinem darüber reden. Wenn ich jemanden gehabt hätte, der mich hätte aufklären können ... Jetzt wird einem erst so manches klar. Es gibt so vieles, das für Sie vielleicht interessant ist und das Ihnen bei der Diagnose hilft. Man denkt ja gar nicht daran, dass es eine Krankheit sein könnte. Barbara war immer schon anders. Ihre Schwester ist ganz normal. Zuerst darüber nachgedacht habe ich, als Barbara eine Zeit lang wieder ins Bett machte und später, als sie so komische Geschichten im Kindergarten erzählt hat. Die Sachen stimmten gar nicht. Die Schwierigkeiten mit dem Essen kamen in der Pubertät.

> Hier sagt es die Mutter ganz deutlich, dass sie entlastet ist, wenn es sich bei Barbaras »Anderssein« um eine Krankheit handelt.

Welche Schwierigkeiten mit dem Essen? wollte Dr. Schamadan genauer wissen. Die Mutter erklärte es. Dann fragte der Arzt nach dem sogenannten Abschiedsbrief. Die Mutter hatte ihn bei sich und konnte ihn zeigen. Dann fragte er noch nach dem allgemeinen Befinden von Barbara, nach Krankheiten, nach dem, was Barbara so täglich zu Hause tat, und vor allem, ob sich dabei in letzter Zeit etwas geändert hätte.

Nein, geändert hat sich nichts in letzter Zeit, sagte die Mutter, was den Arzt zu enttäuschen schien.

> Wenn alles nur eine Krankheit gewesen wäre, müsste man erwarten, dass dem vermeintlichen Suizidversuch eine Verschlimmerung der Krankheit vorausgegangen war.

Barbara saß schweigend dabei, sie wurde auch nicht gefragt.

Die Eltern waren froh, dass sie mit ihrem Bericht möglicherweise zu einer guten Behandlung von Barbara beitragen konnten. Dann gab der Arzt das Zeichen zum Ende. Fragen schnitt er mit der Bemerkung ab, dass er zu einem späteren Zeitpunkt, vielleicht so nach zehn bis vierzehn Tagen den Eltern genauere Auskunft würde geben können. Barbara schloss daraus, dass also ein längerer Klinikaufenthalt vorgesehen war. Die Eltern schienen darüber gar nicht nachzudenken. Das Gespräch mit Dr. Schamadan hatte jedenfalls der merkwürdigen Situation, dass Barbara in einer psychiatrischen Anstalt gelandet war, nachdem sie den Eltern einen Brief geschrieben hatte, dass sie nicht mehr zu Hause leben wollte, den Anstrich völliger Normalität gegeben.

Barbara war beeindruckt von ihrer neuen Umgebung. Es war zwar einerseits langweilig, weil es nichts zu tun gab, aber da waren Menschen, mit denen sie sich austauschen konnte, zum Beispiel Franziska und Sylvia. Auch Frau Riebock fand sie interessant, obwohl sie ihr Angst machte. Das war umso unangenehmer, weil sie ihr nicht aus dem Wege gehen konnte.

Und dann passierte immer wieder etwas. Als sie einmal in ihr Zimmer kam, überraschte sie Franz dabei, wie er sich an ihrem Kleiderspind zu schaffen machte. Er stotterte etwas und ging sofort hinaus, als Barbara ihn sah. Sie erzählte es Sylvia.

Der klaut. Er war auch schon mal im Gefängnis, sagte sie.

Zwei Stunden später wussten es alle. Noch einmal zwei Stunden später gab es Ärger. Nie hatte Barbara das Personal so unwirsch erlebt wie in diesem Fall. Man hörte, dass ein Portemonnaie aus dem Personalzimmer verschwunden war, das Portemonnaie einer Krankenschwester. Es fand sich im Nachttisch von Franz, aber ohne dass etwas herausgenommen worden wäre. Er behauptete, dass es jemand dort hingelegt habe, um ihn beim Personal anzuschwärzen. Noch am gleichen Tag wurde er entlassen. Diese Klinik würde ihn nicht wieder aufnehmen. Das war schlimm für ihn, denn er würde noch am gleichen Tag rückfällig werden. Die Behauptung von Franz, dass ihm übelwollende Patienten das Portemonnaie in seinen Nachttisch gelegt hätten, wurde als lächerliche Schutzbehauptung abgewiesen.

Einige Tage später kam noch einmal die Rede darauf. Einige der Patienten empörten sich beim Mittagessen, dass sich Franz an die Sachen des Personals gemacht hatte. Mit am Mittagstisch saß Frau Liebold, eine kluge Krankenschwester, die schon viele Jahre in der Psychiatrie arbeitete. Es war Ihnen ganz recht, dass er verschwunden ist, sagte sie und fügte dann nachdenklich und bestimmt hinzu: Wir sollten nicht weiter darüber reden.

Und dann die Therapien. Wie das organisiert war, durchschaute Barbara nicht. Aber im Großen und Ganzen war es angenehm. Mit dem Arzt reden, das machte Sinn, Sport war auch gut. Die Gruppenveranstaltungen machten ihr sogar Spaß. Sie sagte zwar so gut wie nie etwas, aber die anderen Patienten konnten sich ziemlich erhitzen. Sie war fasziniert zu beobachten, wie die Menschen miteinander stritten: Manchmal kam etwas Gutes dabei heraus, manchmal schien es vergebens und manchmal machte es den Eindruck einer zerstörerischen Unternehmung. Es gab auch Beschäftigungstherapien, zweimal die Woche. Bastelstunde, nannten es die Patienten verächtlich. Manches war auch komisch, zum Beispiel die Kochtherapie.

Was dieses Stationsleben, dem sie sich nun anzupassen hatte, mit ihren Problemen zu tun hatte, wusste Barbara nicht. Barbara war nicht aus eigenem Antrieb in die Klinik gekommen. Man hatte sie nicht gefragt. Sie hatte sich sehr ungewöhnlich benommen und ihre Familie erschreckt, weil sie weggegangen war, einen Abschiedsbrief hinterlassen hatte und am Geländer einer Brücke herumgeturnt war. Für ihre Lebensumstände interessierte sich keiner vom Personal. Man war daran interessiert, ob sie Fressanfälle hatte, sich schnitt, hungerte oder andere Symptome hatte. Barbara hatte zwar davon erzählt, war aber bislang auf der Station ganz ohne Symptome geblieben. Das Personal schien enttäuscht. Immer wieder war von ihrer Depression die Rede. Das verstand sie nicht. Hier fühlte sie sich weniger niedergeschlagen als zu Hause.

Die Freundschaft mit Franziska und Sylvia war für Barbara ein Gewinn. Sie fühlte sich nicht mehr so allein. Barbara ahnte auch, dass diese Freundschaft nur im Schutz der Klinik gedeihen konnte. Der Druck, dem sie zu Hause ausgesetzt war, würde ihr nicht die Kraft lassen, sich um anderes zu kümmern. Hier war die Familie weit weg. Das Leben auf der Station war das Leben einer abgeschirmten Welt. Barbara saß oft mit Franziska oder Sylvia zusammen, später als sie Ausgang hatte, ging sie oft mit einer von ihnen raus. Das Verhalten von Franziska, das so auffällig war, hatte sich allerdings nur wenig geändert. Manchmal ging es sogar Barbara auf die Nerven.

Einmal saß Barbara im Flur. Die Oberärztin kam auf die Station. Franziska sah sie und schoss auf sie zu. Muss ich noch Medikamente nehmen? Franziska machte ein Geräusch, als wollte sie weinen.

Darüber haben wir doch in der Visite gesprochen. Die Oberärztin wandte sich um und trat in das Personalzimmer.

Franziska stand auf der Schwelle der geöffneten Tür: Mir geht es schon viel besser. Fast flehentlich: Wann kann ich denn nach Hause?

Ein Pfleger trat auf Franziska zu und drängte sie sanft, aber bestimmt von der Schwelle: Jetzt lassen Sie uns bitte in Ruhe!

Franziska wandte sich ab, lief über den Flur und wieder zurück, postierte sich wieder vor dem Teamzimmer, trippelte von einem Bein aufs andere. So stand sie schweigend mit geöffnetem Mund, zwanzig Zentimeter vor der Schwelle der offenen Tür, aufmerksam der Unterredung der Oberärztin mit dem Personal lauschend. Schließlich machte jemand die Tür von innen zu. Es war eine Glastür. Franziska stand nun vor der Tür und starrte angestrengt hinein, unablässig von einem Bein auf das andere tretend, die Arme angewinkelt. Für das, was um sie herum geschah, hatte sie kein Interesse.

An einem Sonntagnachmittag, als es sehr ruhig auf der Station war, erzählte Franziska: Meinen Vater kenne ich nicht. Meine Mutter war erst achtzehn, als sie mich bekam. Ihr Vater war sehr streng, Lehrer, und war sauer, als meine Mutter so früh schwanger wurde. Ihre Mutter hatte aber nichts dagegen, sondern freute sich, dass sie ein Baby haben würde. Mehr weiß ich davon nicht. Obwohl ich gern meinen Daddy kennen würde. Ich stelle mir vor, dass er ein großer Mann ist, der viel Geld verdient und vielleicht in Italien oder Spanien wohnt. Meine Mutter hat mir nie etwas von ihm erzählt. Ich glaube, in Wahrheit war er Student. Meine Mutter hat einmal einen Prozess geführt, wegen des Unterhalts. Aber ich weiß nicht, wie es genau war. Als ich klein war, lebte ich bei meiner Oma. Die lebt immer noch, aber ist schon ganz alt. Der Opa war nett, aber hatte nichts zu sagen. Dann heiratete meine Mutter. Mit meinem neuen Vater habe ich mich ganz gut verstanden. Er hatte ein Geschäft, er ist Heizungsbauer und hat viel Geld. Meine Mutter hatte immer die schönsten Kleider, es gab aber auch viel Krach zu Hause.

Von meiner Kindheit weiß ich aber gar nichts mehr. Es war alles normal. Meine Mutter kriegte dann noch ein Kind, meinen Bruder. Der ist fünf Jahre jünger als ich. Den hat sie mir immer vorgezogen. Mein Vater, ich meine meinen Stiefvater, nicht so, obwohl ich doch gar nicht sein Kind bin. Dann hat es aber immer wieder Krach gegeben. Ich glaube, ich war der Grund. Ich habe alles falsch gemacht. Mein Vater hatte eine Freundin, glaube ich. Da hat meine Mutter den ganzen Tag geweint und ich habe mit meinem Vater gesprochen. Ich habe ihm gesagt, das ist gemein. Er ist dann mit mir allein ein paar Tage weggefahren. Ich war schon zwölf. Er hat mit viele Sachen gekauft. Ich glaube, das war die schönste Zeit in meinem Leben. Aber als wir zurückkamen, war meine Mutter ganz sauer auf mich. Jetzt hat mein Vater keine Freundin mehr und die beiden vertragen sich besser.

Ich hatte auch mal einen Freund, Patrick. Der war süß. Dann fing das mit den Stimmen an. Eigentlich habe ich die schon ganz lange. Das weiß aber keiner. Ich konnte mich nicht mehr konzentrieren und habe mich darum von Patrick getrennt. Meine Eltern meinten auch, dass der viel zu alt für mich war. Der hat auch so viel gekifft. Das habe ich da auch angefangen, und das Rauchen. Aber dadurch wurde ich in der Schule noch schlechter. Ich bin dann das erste Mal in die Klinik gekommen, die Jugendpsychiatrie. Mein Vater hat mich aber wieder rausgeholt, weil die mir nur Medikamente gegeben haben. Die nehme ich jetzt auch. Die Stimmen höre ich aber trotzdem.

> Eine Lebensgeschichte, wie man sie in ähnlicher Form nicht selten von jungen Frauen hört, die an einer Schizophrenie leiden.

Vielleicht kann ich am Wochenende wieder nach Hause gehen. Meine Mutter kommt mich ganz viel besuchen. Am Anfang wollte ich das gar nicht. Aber jetzt bin ich froh. Wir verstehen uns auch viel besser als früher.

Sylvia war ganz anders. Sie war rebellisch und musste sich sehr anstrengen, auf der Station nicht ständig aufzufallen. Man würde sie sofort entlassen, wenn sie sich nicht an die Regeln hielt. Sie aber wollte die Behandlung. Einige Wochen später ging sie jedoch plötzlich weg, ohne dass einer vom Personal oder von den Patienten davon wusste, und ließ nichts mehr von sich hören.

Sylvia war oft mit Barbara zusammen, aber es war immer sie, die das Zusammensein lenkte. Sie fragte Barbara viel nach ihrem Elternhaus aus und sie erzählte freimütig von sich selbst: Ich bin schon das dritte Mal hier und mit den Junkies tun sie sich ja schwer. Mögen die nicht. Dabei habe ich mir diesmal wirklich vorgenommen, clean zu bleiben. Wenn ich wollte, käme ich ja auch hier an Stoff. Nee, ich will's wirklich versuchen.

Der Redestrom von Sylvia stoppte. Sie blickte weit weg in die Ferne. Barbara sah der jungen Frau in die blauen Augen, und es war ihr, als sähe sie darin ein Meer. Ein Meer, das glitzernd und blau unter der Sonne lag. Schaumkronen sah man hier und dort. Ein weißer Strand zog sich hin bis zum Horizont. Dazwischen gab es Stellen mit Bäumen, die weit hinaus ins Wasser wuchsen, Mangroven mit dem dunklen

Grün. Alles war still und doch so lebendig. Es gab keine Menschen, kein Haus. Barbara sah gebannt auf diese Landschaft. Wie schön war die Welt! Sie lief durch das flache Wasser den Strand entlang, fühlte den körnigen Sand und das kühle Wasser an den Füßen. Sie sah den dichten Wald am Rande des Strandes. Dschungel, dachte sie und dachte zugleich an die schweren Düfte seiner Blumen, an schleichende Raubkatzen und an die Schönheit verborgener, gefährlicher Schlangen. Sie warf sich in den Sand und Sylvia war bei ihr. Die jungen Frauen lachten. Am Rand des Waldes standen große Palmen, manche mit einem schiefen Stamm, sodass die Krone fast den Wasserspiegel berührte. Kokospalmen, mit dicken grünen und braunen Nüssen, so hart und mit einem dichten Fasermantel, dass sie nicht so leicht aufzukriegen waren.

Barbara betrachtete die sandfarbenen Haare von Sylvia, ihr dunkelgrünes Kleid.

Meine Mutter hatte so viele Männer, sagte sie. Hat keinen gefunden, mit dem sie glücklich wurde. Einer hat sie auf den Strich geschickt und sie hat es für ihn gemacht. Sie glaubt, ich wüsste das nicht. Der war ein Arschloch. Die alte Sau hat es sogar bei mir versucht. Ich hab ihm aber auf die Finger gehauen und dafür erpresst, bis er abgehauen ist. Jetzt hat sie einen, der ist so viel jünger als sie, einer, der aus dem Kosovo kommt. Sieht gut aus, der Typ.

Sylvia stand auf und ließ Barbara einfach sitzen.

> Die Lebensgeschichte und das Verhalten von Sylvia sind einigermaßen typisch für eine Frau, die drogenabhängig ist. So wie sie sich hier präsentiert, ist die Prognose nicht schlecht. Gut möglich, dass sie sich nach ein paar Jahren stabilisiert.

Barbara hatte sich im Krankenhaus eingelebt. Die Mutter kam fast täglich zu Besuch. Cornelia hatte sich nur zweimal blicken lassen, aber sie vermisste die Schwester nicht. Das Personal schien ihre Symptomfreiheit als Erfolg der Therapie anzusehen, was es in gewisser Hinsicht auch war. Sie fühlte sich wohl, wenn man bei ihr diese Kategorie überhaupt anwenden durfte. Sie hatte Kontakte zu Menschen, wie sie es vorher nicht gekannt hatte. Neben Sylvia und Franziska war da noch Frau Riebock bzw. deren Tochter, die etwa im Alter von Barbara war und sich zu Barbara sehr freundlich verhielt. Sie zog Barbara bei ihren Besuchen manchmal in ein Gespräch.

Frau Riebock hat eine schwere Depression.

Frau Riebock war schon mehr als zwei Monate in der Klinik. Sie bekam eine Unmenge Tabletten, aber das schien ihr gar nichts auszumachen. Sie sagte so gut wie nichts, lag stundenlang nur im Bett. Zu allen Veranstaltungen und dem Essen musste sie immer wieder vom Pflegepersonal extra geholt werden. Sie roch auch unangenehm, denn sie vernachlässigte sich. Anfangs sprach Barbara sie vorsichtig an, irgendwann gab sie es auf. Sie interpretierte das Verhalten von Frau Riebock als Zurückweisung. Die wollte wohl nichts mit ihr zu tun haben.

Am Wochenende wurde Frau Riebock von ihrem Mann abgeholt. Sie durfte für zwei Tage nach Hause. Als der Mann sie am Sonntag zurückbrachte und gehen wollte, stand Frau Riebock flehend an der Stationstür: Nimm mich mit!

Herr Riebock küsste seine Frau auf die Stirn und wandte sich an die Krankenschwester, die Frau Riebock unter den Arm fasste. Dann schloss eine andere die Tür auf und ließ Herrn Riebock gehen. Noch lange stand Frau Riebock ausdruckslos vor der Tür.

Das war Sonntagabend. Am Montagmorgen fand man sie in einem von Blut durchtränkten Laken. Aber sie lebte und brauchte auch keine Transfusion, wie sich später herausstellte. Mit einer Nagelschere hatte sie sich am linken Handgelenk geschnitten. Diese Schere hatte sie dem Necessaire von Barbara entnommen, obwohl sie ein eigenes Nageletui hatte. Noch am gleichen Tag kam sie aus der Chirurgie zurück, den linken Unterarm verbunden. Sie bekam nun noch mehr Tabletten und wurde in ein Zimmer verlegt, in das das Pflegepersonal bessere Einsicht hatte.

Ron, der auch wegen einer Depression auf der Station war, dem es aber schon einigermaßen gut ging, erzählte, dass er Herrn Riebock mit einer Frau in der Stadt gesehen habe.

Einige Tage später war Barbara allein mit Frau Riebock im Aufenthaltsraum. Frau Riebock saß reglos in einem Sessel, in den sie einer der Pfleger verfrachtet hatte. Von Barbara nahm sie keine Notiz.

Hat Ihr Mann eine Freundin?, fragte Barbara unvermittelt.

Frau Riebock verriet durch nichts, dass sie diese Frage gehört hatte. Sie rührte sich nicht und sagte nichts. Aber einige Zeit später verließ sie abrupt den Raum und verlangte zu duschen. In der folgenden Woche ging es ihr deutlich besser. Sie bestand darauf, weniger Medikamente zu bekommen, und sie drängte auch bei ihrem Mann nicht mehr darauf, nach Hause geholt zu werden. Zwischen ihr und Barbara war offene Feindschaft.

Wie man sieht, ist es nützlich, Konflikte offen anzusprechen. Frau Riebock muss von der Freundin ihres Mannes gewusst haben, sonst hätte sie nicht so reagiert. Aber sie brauchte es, dass es einmal offen ausgesprochen wurde.

Schließlich wurde Barbaras Entlassung festgelegt. Montag in einer Woche sollte sie nach Hause gehen. Die Mutter kam fast täglich zu einem Besuch in die Klinik. Aber auf der Station fühlte sie sich überhaupt nicht wohl, und darum ging sie immer mit ihrer Tochter in dem schönen Park spazieren. Doch heute regnete es so heftig, dass sie den Spaziergang abbrechen mussten und in die Caféteria der Anstalt gingen. Normalerweise vermieden die beiden die Caféteria, Barbara, weil sie keine Patienten treffen wollte, Ursula Rein, weil sie sich unter »behinderten Menschen« nicht wohlfühlte.
   Als sie sich setzen wollten, sahen sie Franziska, die mit ihrer Mutter an einem der Tische saß. Sie stand auf, als sie die beiden entdeckte.
   Hallo Barbara! Meine Mutter und ich essen Kuchen und trinken Kaffee. Ihr auch?
   Ursula Rein schaute etwas irritiert auf das junge Mädchen. Barbara versuchte zu erklären: Das ist Franziska.
   Guten Tag, sagte Frau Rein.
   Franziska blickte zu ihrer Mutter, die unbeteiligt schien, dann wieder zu Barbara. Die beiden jungen Frauen standen einander gegenüber, jede halb ihrer Mutter zugewandt.
   Wir wollten spazieren gehen, aber es regnet zu stark, bemerkte Barbara schließlich schüchtern. Das sollte eine abschließende Bemerkung sein, und sie setzte sich zur Mutter. Die hatte der anderen Mutter zugenickt und wartete auf eine Erwiderung des Grußes, ein Kopfnicken, ein Lächeln oder ein Wort. Aber sie bemerkte nichts und wandte sich schließlich wieder Barbara zu.
   Franziska stand immer noch da. Meine Mutter und ich gehen immer hierher. Hier kann man Kuchen essen und Kaffee trinken. Aber ich trinke lieber eine Limo oder Cola, fuhr Franziska in ihrer albernen Art fort.

Ihre Mutter schaute gleichgültig in die Luft, nippte an Ihrem Kaffee und nahm keine Notiz von ihrer Tochter.
Barbara sprach mit ihrer Mutter, die laute Rede von Franziska in ihre Richtung war jedoch nicht zu überhören. Die beiden Frauen wandten ihre Aufmerksamkeit wieder Franziska zu. Franziska stand noch an der gleichen Stelle und streckte ihre Arme in Richtung Barbara, als flehte sie. Aber etwas hielt sie fest, als sei sie angebunden. Ihre Mutter blickte durch alle hindurch.

Franziska will Kontakt zu Barbara. Aber in Gegenwart der Mutter kann sie es offensichtlich nur dann, wenn sie von ihr eine irgendwie geartete Unterstützung bekommt, vielleicht nur einen zustimmenden Blick. Die Mutter gibt Franziska diese Unterstützung aber nicht, was man so interpretieren könnte, dass sie eigenständige Aktionen von Franziska nicht ertragen kann. Franziska ist wie eingeklemmt in dem Bedürfnis, sich an Barbara zu wenden, und dem Zwang, die Zustimmung der Mutter abzuwarten. Wenn man sich vorstellt, dass es zwischen Franziska und ihrer Mutter immer so gewesen war, dann wird verständlich, dass Franziska keine Autonomie entwickeln konnte.

Wie auf einem Foto blieb die Situation einige quälende Minuten lang unverändert. Franziska fing an zu zittern. Dann lachte sie überlaut, hörte mit dem Lachen nicht mehr auf. Sie lachte und lachte, nur für sich. In die Gruppe kam Bewegung.
Sie hört wieder ihre Stimmen, sagte die Mutter, griff ihr unter den Arm und zog Franziska an der Kasse vorbei, wo sie zahlte, und ging mit ihr hinaus.
Auf der Station war Franziska mehrere Tage in einem Zustand heftiger Erregung. Sie lachte, schrie und sprach mit ihren Stimmen. Aber sie war auch aggressiv und attackierte das Personal. So musste sie einige Tage ans Bett gefesselt werden. Franziska bekam mehr und andere Medikamente. Nach etwa zwei Wochen war wieder alles wie früher.

Das bevorstehende Entlassungsgespräch mit dem Oberarzt ließ die anfängliche Hoffnung der Eltern, mit der Klinikaufnahme werde sich nun alles zum Besseren wenden, wieder aufleben. Möglicherweise würde der Oberarzt wichtige Aufschlüsse geben, die es den Eltern leichter machen würden. Barbara war krank, hatten sie gelernt, und das hatte sie zunächst erleichtert; denn Krankheiten erzeugen die Hoffnung, dass man sie auch heilen kann.

Dr. Hoffmann bekräftigte zunächst noch einmal die Diagnose: Borderlinestörung. Diese Störung ist durch ihre Symptome definiert. Die Patienten können nur schwer allein sein und neigen zu schädlichen Impulshandlungen, die keinen bestimmten Zweck haben. Dazu gehören Fressanfälle, Hungern, sich Schneiden, Alkoholexzesse, Klauen und Ähnliches. Es ist für diese Menschen auch schwer, Gefühle zu empfinden, also zum Beispiel Ärger oder Freude. Darum basieren viele therapeutische Maßnahmen darauf, mit den Patienten zu üben, ihre Gefühle wahrzunehmen. Bei Ihrer Tochter ist es insofern anders, als zusätzlich eine Depression besteht und Zwangsstörungen da sind. Wir haben darum auch erst die Depression behandelt, und zwar mit Medikamenten, die auch gegen die Zwangssymptome wirksam sind.

Woher kommt diese Störung? Das wollten die Eltern vor allem wissen.

Aber diese Frage brachte den Oberarzt etwas in Verlegenheit. Wir wissen es nicht genau, sagte er. Vielleicht spielen Erbfaktoren eine Rolle. Von der Depression wissen wir ziemlich genau, dass sie meistens durch Erbfaktoren bedingt ist.

Man wolle versuchen, die Verhaltensweisen und bestimmte kognitive Einstellung von Barbara zu verändern, erläuterte der Oberarzt weiter. Ein Selbstsicherheitstraining, das Erlernen größerer sozialer Kompetenzen wäre sicher auch nützlich.

Das leuchtete den Eltern ein.

Die Vorstellung, dass Barbara an einer Krankheit litt, hat noch einen weiteren verführerischen Aspekt. Wenn es nur eine Krankheit ist, dann betrifft die Behandlung ausschließlich Barbara. Die Eltern können bleiben, wie sie sind.

Schließlich empfahl Dr. Hoffmann den Eltern die Teilnahme an einer Familienberatung, wie sie an der Klinik seit Längerem durchgeführt wurde. Dort würden sie Hilfe bekommen, um sich auf die Krankheit von Barbara einstellen zu können.

Die Eltern Rein nahmen an einem dieser Informationsabende teil. Es waren viele Angehörige von psychisch Kranken, meist mit den Patienten, gekommen. Viele kannten sich, was man an der Art der Begrüßung merken konnte. Die Oberärztin der Klinik, assistiert von einer jungen Psychologin, leitete das Gespräch. Es war nützlich für die Eltern Rein. Es bekräftigte ihre neue Überzeugung, dass Barbara krank sei. Das war entlastend. Aber dann gingen sie nicht mehr hin.

Meta

Barbara konnte nicht schlafen. Sie ging hinaus auf den Flur, wanderte dort ziellos hin und her. Es war ruhig. Im Schwesternzimmer war gedämpftes Licht. Wahrscheinlich schlief die Nachtschwester. Sie ging in den Tagesraum, aus dem sie gedämpfte Stimmen hörte. Es war ein nackter Raum mit Stühlen, die ohne Ordnung im Raum standen, auf den Tischen volle Aschenbecher. In einer Ecke sah sie Jonas mit Sylvia auf dem Fußboden sitzen.
Barbara, komm doch her, rief Sylvia leise.
Jonas hatte einen Stapel Zettel in der Hand.
Er liest uns was vor. Fang noch mal von vorn an!
Jonas blätterte zurück und las.

> Die folgende Geschichte bis zum Ende des Kapitels ist von Sascha Heine, einem meiner Patienten, der mir die Erlaubnis gegeben hat, sie hier gekürzt abzudrucken. Er hat ihr auch die Überschrift Meta gegeben.
>
> Die Geschichte vermittelt gut, wie schizophrene Menschen oft denken. In der ersten Zeile beispielsweise schreibt er, dass er aus seinem »Schönheitsschlaf« geweckt wurde. In dem Zusammenhang erscheint die Verbindung von Schlaf und Schönheit unpassend. Aber er hat damit etwas angesprochen, was uns andauernd passiert, dass wir nämlich Einfälle haben, die nicht in die Situation zu passen scheinen. Und dennoch irgendetwas damit zu tun haben.

Jäh wurde ich aus meinem Schönheitsschlaf geweckt. Es war ein Dienstag, der 1. Oktober 2002, zwölf Uhr vierzehn und fünf Sekunden. Für solche Fälle habe ich immer einen Vorschlaghammer neben meinem Bett liegen. Etwas müde griff ich nach ihm und schlug mit aller Kraft auf den Wecker.

»Du Arschloch«, sagte ich wütend.
Ich legte den Hammer wieder an seinen Platz, zog mich an: Zuerst die Socke (die andere lasse ich immer an, um Zeit zu sparen). Baumwolle. Rot. Mit gelben Streifen. Dann die Unterhose. Braun (war vorher mal weiß). Dann einen Rock. Grün. Viskose. Und ein T-Shirt. Lila. Acryl. Die Turnschuhe nicht zu vergessen. Blau.
»Geile Treter.«
Ich schaute aus dem Fenster, um abzuschätzen, wie kalt es draußen war. Es sah sehr ungemütlich grau und windig aus, denn ein regelrechter Sturm wehte Hunderte von bunten Blättern hinfort, die sich plattgedrückt hinter die Fensterscheibe pressten und plötzlich wieder verschwanden. Ich runzelte die Stirn.
»Petrus scheint wohl an einer manischen Depression zu leiden.«
Während ich gerade über das nachdachte, was ich soeben sagte, dachte ich darüber nach, welchen Pullover ich anziehen sollte. Nach langem Hin-und-her-Überlegen entschied ich mich für den Roten.
»Perfekt«, sagte ich euphorisch und betrachtete mich von allen Seiten.
Ich fand mich schön, intelligent und charmant.
»Ich bin tausendmal besser als ihr, ihr Missgeburten.«
Befriedigt trank ich den Rest des alten Bieres und holte mir die noch volle Flasche Stroh-Rum vom Balkon, die ich in einem Zuge leer trank. Danach ließ ich einen gigantisch lauten Rülpser und einen extrem stinkenden Furz ab und suchte meine Schlüssel. Ich fand sie hinter der Kommode; keine Ahnung wie sie dort hingekommen waren. Etwas beschwippst verließ ich meine Wohnung. Nachdem die Tür zuschnappte, fiel mir plötzlich ein, dass ich meine Medikamente vergessen hatte, wie jedes Mal. Ich suchte abermals.
»Wo sind die Scheißdinger wieder?«
Ich fand das Päckchen Seroquel (ein Neuroleptikum) auf dem Boden, zwischen Müll und Unrat. Als ich nach ihm greifen wollte, kam mir eine Ratte von drei Metern Länge zuvor. Sie sprang auf die Packung und verbiss sich darin, ich konnte sie ihr jedoch entreißen. Während ich meine Medikamente an mich nahm, schimpfte ich laut: »Du doofe Sau. Drecksviech, du!«, und verpasste ihr einen gewaltigen Tritt in den Arsch, sodass sie im hohen Bogen kreischend durch die Balkontür, über das Geländer, hinunter in den Hof flog.
»Hinfort mit dir, du Ungetier«, dichtete ich.

Genervt steckte ich mir die 2500 Milligramm Quetiapinfumarat (dasselbe wie Seroquel) in den Mund und spülte sie mit einem kräftigen Schluck Jägermeister hinunter.

Gedankenverloren rannte ich in das Erdgeschoss, an der Kellertür vorbei, durch die Tür zum Hinterhof. Als ich die Mülltonne öffnete, kam Oskar, der eine alte Damenbinde auf dem Kopf liegen hatte, zum Vorschein. Oskar lebt schon seit Jahren in Mülltonnen und war stets gut gelaunt und freundlich.

»Hallo, mein Freund, wie geht es dir?«

»Hallo«, sagte ich geistesabwesend. »Hast du nicht letzte Woche noch in der Mülltonne nebenan gewohnt?«

»Stimmt. Die alte war zu klein, außerdem ständig Mieterhöhungen.«

Ich machte mich auf den Weg zu Fritten-Heinz, dem besten und einzigen Restaurant hier im Viertel. Auf dem Weg dorthin wurde mir die unglaubliche Situation, in der ich mich befand, bewusst, und alles kam mir wie ein Alptraum vor.

»Die Welt, in der du lebst, ist nicht Wirklichkeit. Du bist eine Projektion unserer Vorstellungskraft, mein lieber Sascha«, schleusten sie ihre Gedanken in meinen Neokortex.

»Wieso Sascha? Ich bin nicht Sascha.«

»Dooooch, der bist du: Du weißt es nur nicht, du Holzkopf.«

Verwirrt betrat ich das Restaurant, und Heinz fragte mich, was er für mich tun könne.

»Wie immer.«

»Jo!«, sagte Heinz.

Ich ging zur Kühltruhe, holte mir eine Flasche Reissdorf Kölsch heraus, öffnete sie mit dem Feuerzeug und setzte mich an den Tisch in der Nähe des Fernsehers, der an der Wand montiert war. Während mein Essen zubereitet wurde, hafteten meine Gedanken an der Behauptung, alles sei ein Traum.

»Wenn ich in einer Traumwelt lebe, sind die Dinge dann überhaupt real?«

»Ich sagte doch eben, dass alles nichts ist. Der Tisch ist nichts, deine Gedanken sind nichts. Und vor allem bist du ein Nichts, mein Freund«, sagte er.

»Die Realität ist eine Illusion.«

Der Gedanke, dass alles nichts sei, fand ich äußerst beunruhigend.

Eigene Gedanken werden zu Wirklichkeit. Das aber macht die Wirklichkeit unsicher. Was ist Fantasie, was Realität?

»*Und von wem werde ich geträumt? Ich meine, wer seid ihr?*«, sinnierte ich.
»*Wir sind Gott, du elendiger Bastard, du schwachsinniger Vollidiot, ans Kreuz sollte man dich nageln.*«
»*Niemals!*«, brüllte ich, sodass Heinz erschrak und meine Currywurst mit Pommes fallen ließ.
Inzwischen war es schon dunkel geworden, darum machte ich mich auf den Weg nach Hause. Dort angekommen, nahm ich eine Rohypnol (ein starkes Schlafmittel), entkleidete mich (bis auf die Socke) und legte mich in mein Bett. Ich schlief ziemlich bald ein und träumte. Ich träumte von einem Mann namens Doktor Sevenich.

Von hier an geht die Geschichte als die Geschichte des Dr. Sevenich weiter. Zwei Personen vermischen sich, Traum und Wirklichkeit sind nicht getrennt.

Er wachte aus seinem erholsamen, traumlosen Tiefschlaf auf. Es war der 31.12.2001, sechs Uhr dreißig und dreizehn Sekunden. Er liebte das morgendliche Frühstück. Als er fertig war, duschte er sich, putzte seine Zähne, zog seine Motorradbekleidung an, verließ das Haus und fuhr mit seiner Yamaha zu seiner Arbeitsstelle, die psychiatrische Anstalt in Porz-Ensen. Um Punkt siebzehn Uhr hatte er Feierabend, worauf er sich mit seinem Motorrad auf den Heimweg machte. Zu Hause angekommen, stellte er das Gefährt an seinen vorgesehenen Platz, schloss es ab und ging zur Haustür des Mietshauses, in dem er wohnte.
Als der ahnungslose Arzt seine Wohnung betrat, dachte er an eine seiner Neuzugänge der geschlossenen Abteilung. Es handelte sich um einen neunzehn Jahre alten Jugendlichen mit dem Namen Hubertus H. Er sagte aus, er höre kommentierende Stimmen, sie seien aber nicht imperativ. Darüber hinaus klagte er über starke Stimmungsschwankungen.
Der noch unerfahrene Doktor Sevenich glaubte jetzt zu wissen, wo das Problem von Herrn H. lag. Es schien sich, so meinte er, um

eine ziemlich intelligente und gebildete Person mit philosophischen Ambitionen zu handeln, dessen Wissen, das er sich aneignete, ihm jetzt zum Verhängnis wurde, da er es zu einer Wahnidee bis ins letzte Detail durchkonstruierte. Aber dies sei mittels einer neuroleptischen Therapie mit Haloperidol wahrscheinlich gut in den Griff zu bekommen.

»Sevenich ist ein Holzkopf. Sevenich ist ein Holzkopf. Sevenich ist ein Holzkopf.«

Der junge Arzt hob den Kopf, er hatte seine Augen während des Nachdenkens die ganze Zeit auf den Brief den Patienten gerichtet, und lauschte. Er hörte das Ticken der Uhr und das Rauschen des Verkehrs. Darüber hinaus nahm er aber noch etwas anderes wahr: Eine etwas ständig wiederholende Stimme. Kaum hörbar, doch war da etwas. Es war ihm jedoch nicht möglich, die Worte zu verstehen.

»Nachbarn«, dachte er.

Der Patient, so mutmaßte er wieder, habe eine wissenschaftliche Gabe und unausgeschöpfte Ressourcen, die in der Therapie gefördert werden müssten. Er war etwas neugierig auf seinen Intelligenzquotienten, besonders den des deduktiven Bereichs.

»Sevenich ist ein Holzkopf. Sevenich ist ein Holzkopf. Sevenich ist ein Holzkopf. Sevenich ist ein Holzkopf. Sevenich ist ein Holzkopf. Sevenich ist ein Holzkopf.«

Noch mal richtete er seine Aufmerksamkeit auf die Akustik des Raumes. Die Stimme war jetzt etwas lauter und er vernahm eindeutig seinen Namen.

»Was soll das? Wieso sprechen die ständig meinen Namen?«

Die Nachbarn des Herrn Sevenich waren eine gutbürgerliche Familie mit zwei Kindern. Der Vater war Steuerberater, die Mutter eine Lehrerin des Hansa-Gymnasiums. Er war sich sicher, dass die Kinder ihm einen Streich spielten. Er bestieg das Sofa, hing den Kunstdruck von August Macke ab und legte sein Ohr an die Wand, was ohne Erfolg blieb. Die restlichen Worte blieben unverständlich. Nachdem er wieder von seinem Sofa geklettert war, begann die Stimme deutlicher hörbar zu werden: »Sevenich ist ein Holzkopf. Sevenich ist ein Holzkopf. Sevenich ist ein Holzkopf. Sevenich ist ein Holzkopf. Sevenich ist ein Holzkopf.«

Der Arzt erschrak, als er die übrigen Worte des Satzes verstand.

»Was bilden sich die Plagen eigentlich ein. Die spinnen wohl!«

Wütend klingelte er bei den Hoffmanns, und die Mutter der beiden Kinder öffnete.

»Es ist ein Unding, was die Kinder sich da leisten. Ich dachte eigentlich, sie hätten sie gut im Griff, aber da täusche ich mich wohl«, sagte er wütend. Sein Gesicht verzog sich zu einer aggressiven Grimasse.
»Herr Doktor, was meinen Sie. Helene ist mit ihrer Freundin unterwegs und Elia seit Montag auf Klassenfahrt. Geht es Ihnen nicht gut, Sie haben Schweißperlen auf der Stirn.«
»Das kann nicht sein. Ich hör sie doch reden. Immerzu diesen Satz. Ich kann nicht verstehen, dass Sie diesen Unfug noch unterstützen und sie decken.«
»Also, ich kann absolut nichts hören. Sie können sich gern ...«
Er schob die Hoffmann zur Seite und stürmte ins Wohnzimmer, doch dort war nichts. Dann hastete er ins Kinderzimmer, dem angrenzenden Raum seines Wohnzimmers, doch es war niemand da.

Er ahnt, dass die Stimmen in seinem Kopf entstehen. Aber das will er nicht glauben und hofft, dass sich alles auf natürliche Weise aufklären wird. In dieser Situation sind viele Menschen mit einer Schizophrenie.

»Ich sagte doch eben ...«
»Hören Sie das denn nicht. Das kommt ja überall her.«
»Was hören?«
Der Arzt blickte in ihr fragendes Gesicht.
»Na das.«
Er wagte nicht, es auszusprechen.
»Ich hör echt nichts. Gehen Sie jetzt bitte. Mein Mann kommt gleich nach Hause und ich muss noch Abendessen machen.«
Er schüttelte verwirrt den Kopf und ging zurück in seine Wohnung.
»Hallo Sevenich. Hier bin ich«, sagte eine Männerstimme. »Hier im Schrank.«
Sie kam jetzt tatsächlich aus dem Schrank, in dem er Aktenordner stehen hatte. Er riss sie aus den Regalen und suchte nach einem Funkgerät oder einem Lautsprecher. Aber er fand nichts.
»Ich bin im Schlafzimmer, unter dem Bett.«
Er ging ins Schlafzimmer und suchte alles ab, doch es fand sich wieder nichts.

»*Schau dir das mal an. Er ist total verrückt geworden*«, sagte der Mann.
»*Ich seh's. Der arme Herr Doktor braucht dringend Medikamente. Die Psychose ist mit Haloperidol wahrscheinlich gut in den Griff zu bekommen*«, sagte eine Frau.
»*Das dürfen wir nicht zulassen. Dann sterben wir doch. Es ist gerade so lustig.*«
»*Hallo. Wer seid ihr?!*«, rief Sevenich.
»*Wir sind deine Einbildung, du Holzkopf.*«
»*Was?*«, stotterte er.
»*Du bist soeben an einer paranoid-halluzinatorischen Schizophrenie erkrankt, herzlichen Glückwunsch.*«
»*Ich glaube, es ist das Beste, wenn ich in die Klinik gehe*«, dachte Sevenich.
»*Soweit kommst du nicht. Ich werde jetzt Stufe zwei starten. Die dritte wird tödlich für dich sein. Es tut mir leid, dass es soweit kommen muss, aber so ist es vorherbestimmt.*«
»*Wie meinen Sie das?*«
»*Schau her.*«
In diesem Moment schaltete sich der Fernseher ein, er war auf standby gewesen. Auf dem Bildschirm erschien ein Nachrichtensprecher der »*Tagesthemen*« und berichtete von einem Selbstmord eines jungen Psychiaters. Er sei, ohne Vorwarnung, aus fünfzig Metern Höhe von einem Wohnhaus gesprungen, wodurch er sich einen tödlichen Wirbelsäulenbruch zuzog.
»*Ich muss hier raus.*«
Ohne sich Schuhe anzuziehen, verließ er die Wohnung. Im Hausflur der vierten Etage versammelte sich die ganze Mieterschaft der Krefelderstraße 7, allesamt »*Sevenich ist ein Holzkopf*« rufend.
»*Oh, mein Gott. Das ist ja eine Verschwörung*«, stammelte er und brach in Tränen aus. Der Arzt musste sich durch die dreiundzwanzig Menschen starke Versammlung zwängen, denn sie versperrten seinen Weg. Doch irgendwie schaffte er durchzukommen. Er rannte, so schnell er konnte, die Treppen herunter und verließ das Haus. Er stand kurz vor dem Nervenzusammenbruch.
»*Darf ich jetzt das dritte Programm starten?*«
»*Ja.*«
Sevenich ging schnellen Schrittes Richtung Hansaring. Er wollte sich unverzüglich in die Klinik begeben, denn er meinte, dort sicher zu sein. Auf dem Weg dorthin bemerkte er, wie er von den

Passanten seltsam angeschaut wurde; eine Person mit einem dunkelblauen Pullover mit der Aufschrift »Genius« lachte ihm sogar höhnisch ins Gesicht.
»Sevenich. Du wirst jetzt tun, was ich dir sage.«
Er blieb abrupt stehen und sagte nach etwa zehn Sekunden: »Ja, das werde ich.«
»Auf der rechten Seite, wo das anthrazitfarbene Auto parkt, befindet sich eine Haustür. Sie ist offen. Dort wirst du jetzt hingehen!«
Er sah das Auto, es stand am Eingang eines Hochhauses. Er ging dorthin, öffnete die Tür und betrat das Haus.
»Was jetzt?«
»Benutze den Aufzug und fahre in den zwanzigsten Stock!«
Ohne zu überlegen tat er es. Dort angekommen, fragte er: »Und nun?«
»Du gehst jetzt zur Tür der Familie Aydogan! Dort ist keiner zu Hause. Tritt sie ein!«
»Jawohl.«
Er nahm etwas Anlauf und trat die Tür ein, wie ihm gesagt wurde.
»Öffne das Schlafzimmerfenster!«
Ohne eine Spur von Angst öffnete er das Fenster.
»Was nun, Herr?«
»Spring hinunter!«

Der Versuch zu leben –
gibt es eine Lösung für die Schizophrenie?

Als Barbara entlassen wurde, ging es ihr kein bisschen besser als zuvor. Sie bekam eine Menge an Medikamenten, die sie beruhigten. Aber gerade dieses Gefühl mochte sie nicht. Und die Symptome, vor allem die Ängste, die Speiserituale und die bulimischen Anfälle, hatten sich nicht oder nur unwesentlich gebessert. Aber das war kein Grund für Barbara, enttäuscht zu sein. Sie hatte in der Klinik sowieso sehr schnell die Überzeugung gewonnen, dass es dort um etwas ganz anderes ging als darum, gesund zu werden.

> Psychiatrische Kliniken haben unter anderem die Aufgabe, abnormes Verhalten als krank zu etikettieren.

Barbara hatte andererseits durchaus registriert, dass viele der Patienten auf ihrer Station im Verlauf ihres Aufenthaltes eine deutliche Besserung erlebten. Die Alkoholiker wurden nüchtern und fingen an, sich mit den Realitäten zu beschäftigen, die Depressiven wurden besser gelaunt, die Schizophrenen hatten weniger Halluzinationen. Und dabei halfen bei einigen der Patienten auch ganz unübersehbar die Medikamente. Aber bei ihr war es eben anders, und sie war auch kein Einzelfall.

Zu ihren Eltern entlassen, hörte Barbara am ersten Tag schon damit auf, weiter Medikamente zu nehmen. Dadurch wurde sie wenigstens die Nebenwirkungen los. Die Familie unterstützte Barbara darin. Später änderte sich ihre Haltung dazu allerdings, dann hatte sie das Gefühl, die Medikamente zu brauchen. Aber zu der Zeit hatte sie auch andere, nämlich psychotische Symptome.

> Trotzdem hatte sich etwas durch den Klinikaufenthalt geändert. Barbara war nicht mehr nur Barbara, sie war nun krank. Und

diese Krankheit definierte sie. Das war mehr als ein beiläufiges Attribut. Es hieß, dass sich Barbara anders benehmen konnte als die Menschen sonst, sie konnte Dinge tun, die unverständlich und unsinnig waren. Ja, man erwartete das sogar von ihr, denn die Krankheit, an der Barbara litt, musste sich auch irgendwie äußern.

Alle waren entlastet, vor allem Barbara selbst. Sie konnte nun ihre Symptome als richtige Zeichen von Krankheit ansehen. Wie bei allen chronischen Krankheiten waren sie mal stärker, mal schwächer. Sie beobachtete sich unter diesen Gesichtspunkten und konnte mit der Mutter darüber sprechen.

Heute ist es wieder besonders stark, sagte sie zur Mutter und meinte ihren Zwang, das Gegessene aufzuschreiben. Die Mutter nickte, seufzte und dachte:

Das arme Kind!

Die Frage aber, wie die Krankheit entstanden war, beantwortete die Mutter mit der These, dass ihr Mann diese Krankheit in die Familie gebracht hatte. Hatten nicht auch die Ärzte im Krankenhaus gesagt, dass die Krankheit vererbt worden ist? Herr Rein wehrte sich gegen diese Zuschreibung, aber unbewusst hat er sie doch akzeptiert. Barbara selbst stellte sich diese Frage nicht. Sie registrierte, wie sehr sie aus dem normalen Leben ausgeschlossen war. Sie hatte keine andere Zukunft als die Wiederholung der immer gleichen Zwänge. Morgen und übermorgen und nächste Woche und nächstes Jahr würde sie sich schneiden und überfressen und kotzen. Das war klar. Neu war, dass nun auch nichts anderes mehr von ihr erwartet wurde.

Und doch, noch einmal versuchte sie sich dagegen aufzulehnen. Barbara machte einen zweiten Versuch einer Psychotherapie. Diesmal geriet sie an eine Therapeutin, die Psychoanalytikerin war und sich nicht so leicht einspannen ließ. Barbara erzählte von ihren Bemühungen, sich an den selbst gemachten Speiseplan zu halten, von ihren Ängsten, die scheinbar unvermittelt irgendwann kamen, von ihren Selbstverletzungen. Von der Mutter erzählte sie diesmal mehr nebenbei. Meine Mutter wollte, dass ich zu dem Essen mit meiner Oma mitgehe, aber ich konnte nicht. Meine Mutter hat gesagt, ich solle mich um einen Praktikumsplatz bemühen. Es gab da eine Anzeige in der Zeitung. Für die Vorbereitung zur Ausbildung als Krankenschwester. Aber ich habe das nicht gemacht.

Barbara sprach mit gesenktem Kopf, leise, ohne Erregung. Nur manchmal blickte sie forschend in das Gesicht der Therapeutin. Diese Frau war erfahren in ihrem Beruf und machte über Wochen hin kaum eine Anmerkung zu den Berichten von Barbara außer: Ach ja, ich verstehe, hm.

Ihr Bemühen war, erst einmal das Selbstvertrauen von Barbara zu stärken und das katastrophale Selbstbild ein bisschen aufzuwerten. Sie versuchte Barbara klarzumachen, dass die scheinbar unsinnigen Symptome einen Sinn hatten. Sie waren Ausdruck von Barbaras Bemühen, mit einer aussichtslosen Situation doch irgendwie zurechtzukommen. Insofern verdiente Barbara Respekt.

Wenn Sie sich mit Ihrem Speiseplan beschäftigen, können Sie Ihrem Leben doch eine Ordnung geben.

Frau German dachte: *Und brauchen sich nicht der Mutter zu verweigern.*

Wenn Sie sich verletzen, können Sie dadurch schwierige Situationen aushalten, können die Sache mit sich ausmachen.

Frau German dachte: *Wenn Sie sich selbst Schmerz zufügen, bestrafen Sie sich für den Wunsch, anderen Schmerzen zufügen zu wollen. Sie bestrafen sich, bevor Sie wirklich etwas getan haben. So können Sie die anderen schonen und brauchen nicht mit ihnen streiten.*

Der Schmerz, den Sie sich zufügen, beruhigt Sie. Sie fühlen sich und Ihren Körper. Der körperliche Schmerz ist leichter auszuhalten als die innere Spannung.

Frau German dachte: *Vor allem ist er leichter auszuhalten als die mörderische Wut.*

Manchmal versuchte sie, die Abhängigkeit von der Mutter deutlicher zu machen, ab und an etwas unverblümter mit einer Deutung, die mal mehr, mal weniger leicht zu durchschauen war: In Ihren Panikattacken kann die Mutter Ihnen behilflich sein. So bleibt die Beziehung zur Mutter gut. Wenn Sie sich selbst schneiden, brauchen Sie anderen nicht wehzutun.

Frau German dachte: *Was Sie tief in Ihrem Unbewussten wahrscheinlich wollen.*

Und indirekt an die Mutter gerichtet: Ihrer Mutter ist kein Opfer zu groß für Sie.

Frau German dachte: *Um Sie an sich zu binden. Was Sie aber auch genießen.*
Irgendwann würde sie Barbara diese Deutungen auch mitteilen müssen. Aber der Zeitpunkt war noch lange nicht gekommen.

Über die Symptome wusste die Therapeutin ziemlich bald Bescheid. Das Problem war ein anderes. Was wollte Barbara von der Therapie? Sie wollte weniger Angst haben und mehr Freude an ihrem Leben, das war es jedenfalls, was sie der Therapeutin sagte.

Aber war Barbara auch bereit, die dafür notwendigen Veränderungen in Kauf zu nehmen? Weniger Angst und mehr Freude am Leben, das würde bedeuten, dass Barbara mehr Gefühle zulassen und sich mehr Befriedigung ihrer Triebe gestatten müsste. Sie müsste empfinden können, dass ein Spaziergang, ein Plausch mit einer Freundin Spaß macht, dass man gefahrlos fantasieren kann, wie es in Afrika ist, oder dass man mit dem Auto des Vaters davonfährt, die Eltern zurechtweist etc. Die ganze Kindheit ist voll von solchen Fantasien. Je verrückter die Vorstellungen, desto besser.
Aber wie bringt man einem Menschen Lust bei? Man kann ihn locken, ihn verführen. Genau das versuchte die Therapeutin. Sie

wollte ihr weder etwas einimpfen noch etwas nehmen. Sie wollte Gefühle aus der Verbannung holen und gefangene Wünsche befreien.

Auf jeden Fall wollte sie vermeiden, in einen Gegensatz zur Familie von Barbara zu geraten. Denn was wie ein Dissens in der Familie erschien, also der Streit zwischen Mutter und Vater, war längst ein Dissens in Barbara selbst. Und Barbara konnte sich nicht für eine Seite entscheiden. Sie legte Wert darauf, beiden Seiten in Barbara, aber auch Barbara und ihren Eltern als Personen, Gerechtigkeit widerfahren zu lassen und sie miteinander zu versöhnen. Doch lag das Letztere, auch bei einem günstigen Verlauf der Therapie, noch in weiter Ferne.

Frau German war eine mütterliche, warmherzige Frau. Sie hatte Gefallen an Barbara gefunden und empfand Mitleid mit ihr. Sie war bereit, um diese junge Frau zu kämpfen, und, anders als ihr Kollege, ging sie davon aus, dass Barbara den entscheidenden Schritt ganz allein würde tun müssen. In ihren Augen gab es keine Alternative dazu. Im Übrigen hatte Frau German selbst halbwüchsige Kinder und konnte so den Standpunkt der Mutter Barbaras gut verstehen, wenngleich sie natürlich deren Haltung in vielen Punkten – soweit sie das überschauen konnte – nicht teilte.

Barbara kam einmal die Woche zu Frau German. Frau German mochte Barbara, insofern freute sie sich, sie zu sehen. Andererseits passierte so wenig in den Stunden!

Auch heute saß Barbara nur mit halbem Po auf dem Stuhl, rang die Hände und blickte auf den Fußboden. Ganz monoton war die Stimme. Im Kopf von Frau German spielte sich ab, was in Abwandlungen schon oft abgelaufen war.

Immer das Gleiche ihre Speiserituale die Mutter die Hoffnungslosigkeit kann ich auswendig sie ist aber manchmal hübsch dann leuchten die Augen Unsinn das mit der Mutter wie sie mich von unten anguckt will mich kontrollieren was ich mache ob ich mich vielleicht am Hintern kratze oder was schreibe oder irgendwas wird sie aber nicht verstehen wenn ich sage »Sie wollen mich kontrollieren« müsste auch ihr Motiv verstehen Hass die will nichts verstehen gar nichts macht nur was man ihr sagt lässt sich benutzen tut lammfromm hoppeliges

Lämmchen ist doch ein kluges Kind ihre Wut schiebt sie mir in die Schuhe guter Einfall sollte sagen »Sie sind stinkwütend« guckt dann mit großen Augen erschreckt sagt nichts nützt nichts erst fünf Minuten vorbei das dauert heute langweilig soll sie doch schweigen was war noch mit Marie Schule schönes Wetter man könnte in den Stadtpark gehen noch mal mit der kleinen Marie durch den Sommerwald ist jetzt aus dem Alter raus will was Eigenes machen ohne mich die alte Mutter.

Es ist schönes Wetter draußen, Frau Rein. Da wird man gut gelaunt und neugierig auf die Welt.

Marie geht auch lieber in die Stadt wegen der Geschäfte nur schöne Kleider im Kopf hätte ich mal deren Figur für das schicke Kostüm dunkelblau wäre auch gut für die Arbeit sollte ich doch kaufen macht mich schlank was sagt sie gestern zu viel gegessen Kartoffel na und würde ihrer Figur gut tun ist gut gewachsen ...

Was Barbara erzählte, war langweilig, weil sie keine Spannung aufkommen ließ. Sie war es ja nicht gewöhnt, Menschen für sich zu gewinnen.

So hatte es Frau German schwer, aufmerksam zu bleiben. Ihre Gedanken schweiften ab. Aber sie war eine erfahrene Therapeutin, und darum hatte sie die Sicherheit, dass die Abschweifungen etwas mit dem zu tun hatten, was Barbara sagen wollte. Ja, oft verrieten ihr ihre eigenen Gedanken mehr darüber, was Barbara unbewusst meinte, als das, was sie erzählte. Frau German dachte beispielsweise an ihre Tochter Marie und wie die sich gern herausputzt und dass dieses junge Mädchen viel hübscher ist als sie, die Mutter. Diese Fantasien interpretierte sie so, dass Barbara vermutlich von solchen Gefühlen weiblicher Rivalität bewegt war, wenn auch unbewusst.

Barbara erwähnte, dass die Mutter ihr geraten hatte, sich mit einer Freundin zu treffen.
    Frau Rein, das ist doch eine gute Idee, die Freundin anzurufen und zu treffen. Wie heißt sie denn?

Ob sie überhaupt anbeißt wird Angst bekommen hält den Vergleich mit dieser Freundin gar nicht aus wird davor flüchten sich stattdessen wieder mit ihrem Speiseplan beschäftigen hat keine Lust Nadine heißt sie warum soll die absagen?

Warum soll Nadine sich nicht über einen Anruf freuen? Die ist doch auch neugierig auf Sie. Was würden Sie denn gern mit ihr machen?

Na also doch spazieren gehen ohne Angst in die Welt gehen reden was sie in der Zwischenzeit gemacht hat die alte Beziehung hat sie gern gehabt.

Sie haben diese Nadine gemocht? Was für ein Mädchen war sie?

Meine natürlich ob sie hübsch war sagt nichts dazu neidisch klar hatte auch Probleme mit Mutter hatten ein Bündnis gegen ihre Mütter die hat es weiter gebracht denkt sie sich so.

Von Ihrer Freundin wissen Sie, dass die in vielen Dingen so fühlt wie Sie?

Schweigt war das klar was ich meine ihre Neugier ihre Lust auf die Welt schweigt immer noch hat Recht ich bin anders als die Mutter ...

Frau Rein, Sie bemerken, dass sie zu den Menschen sehr verschiedene Beziehungen haben und dass man auch mehreren Menschen nahestehen kann. Vielleicht überlegen wir einmal, wie es sein könnte, wenn Sie Ihre Freundin Nadine treffen. Worüber könnten Sie miteinander reden?

Wenn das in dem Tempo weitergeht kommt die in fünf Jahren nicht von der Stelle ...
   Am Ende der Stunde: Auf Wiedersehen, Frau Rein.

Lächelt tapferes Mädchen.

Nach gut einem Jahr schöpfte Frau German Hoffnung. Barbara schien sich auf sie einlassen zu können. Sie sprach erstmals darüber, wie es zum Beispiel wäre, wenn sie eine Ausbildung machte. Aber das war dann doch zu viel für Barbara. Sie machte einen Selbstmordversuch bzw. etwas, was wie ein Selbstmordversuch inszeniert war. Sie schrieb einen Abschiedsbrief, ging auf eine Brücke und tat so, als ob sie sich davon hinunterstürzen wollte. Das alles war nicht besonders gefährlich, aber es war wie eine Notbremse. Die Familie und der Hausarzt sorgten dafür, dass sie für lange Zeit in die Klinik eingewiesen wurde. Barbara »braucht eine intensivere Therapie«. Sie kam nicht zu Frau German zurück.

Nicht lange danach wurde sie psychotisch. Die Ärzte im Krankenhaus meinten, dass die Psychotherapie bei Frau German ein Auslöser gewesen sein könnte, woran man doch erkennen könne, wie schädlich die analytische Psychotherapie ist.

> Da haben Ärzte und Eltern einiges durcheinandergeworfen. Barbara hat Fortschritte gemacht. Fortschritt hieß, dass Barbara etwas mehr Eigenständigkeit gewonnen hatte. Aber die damit verbundene Distanz zu den Eltern konnten weder sie noch die Eltern ertragen. So war Barbara in einem Dilemma. Sie konnte weder ihre Eigenständigkeit weiter verfolgen noch zurück in die alte Abhängigkeit. Der Selbstmordversuch war eine hilflose Geste, die darauf hinwies. Barbara hatte ja nicht die Fähigkeit, ihre Beweggründe offen darzulegen, und in der Familie Rein gab es auch keine Diskussionskultur. So gesehen war es also richtig, dass die Psychotherapie der Auslöser des Selbstmordversuchs war. Aber die Antwort musste nicht sein, die Therapie abzubrechen. Barbara hätte die Anerkennung gebraucht, dass sie ihren Weg allein gehen musste. Allerdings hätte das für sie und die Eltern bedeutet, dass sie sich einsamer gefühlt hätten.
>
> Dass Barbara bald danach psychotisch wurde, ist, anders als es gesagt wurde, eher eine Folge davon, dass die Therapie abgebrochen wurde; denn die Situation war für Barbara nun völlig hoffnungslos geworden.

Die Mutter begriff es sofort, als ihr Kind nun verrückt geworden war. Barbara war völlig durcheinander. Sie lachte und weinte, schlief nicht, rannte auf die Straße, wo sie fremde Leute ansprach. Die Mutter erschreckte das furchtbar, sie packte Barbara und brachte sie in die Klinik, was kein Problem war. Danach fing sich Barbara allmählich wieder. Sie erholte sich aber nie ganz. In Abständen kam es immer wieder zum Aufbrechen der akuten Symptomatik.

Für die Eltern bedeutete diese Entwicklung der Krankheit von Barbara eine neue Verschärfung. Sie wussten inzwischen, dass es eine Krankheit war, an der Barbara litt. Nun zeigte die Krankheit ihr neues Gesicht.

Als die Hochzeit von Cornelia festgesetzt wurde, ging es Barbara zunehmend schlechter. Sie wurde aggressiv, schrie viel und lief weg. Tagelang war sie verschwunden. Anders als sonst weigerte sie sich, in die Klinik zu gehen. Das Schwierigste war, sie überhaupt zu finden.

Sie ist so hilflos!, sagte die Mutter immer wieder. In den meisten Fällen tauchte Barbara nach einigen Stunden oder auch schon mal nach Tagen irgendwo auf, mehr oder weniger verwahrlost. Was sie in der Zwischenzeit erlebt hatte, darüber gab sie nie Auskunft. Einmal wies sie Blessuren auf, die darauf hinwiesen, dass sie geschlagen worden war. Auch für eine Vergewaltigung gab es Hinweise. Barbara ließ sich auf kein Gespräch ein, fing sofort an zu schreien, wenn man versuchte, etwas herauszubekommen. Die Krankheit und ihr unberechenbarer Verlauf wurden für all das verantwortlich gemacht.

> In Wahrheit waren es schwache Versuche der Verselbstständigung und im Kern gesunde Reaktion von Eifersucht und Neid. Nur, das waren inzwischen Kategorien geworden, die für Barbara nicht mehr galten. Darum suchte und fand keiner diese Erklärung für die absurd erscheinenden Symptome, am wenigsten Barbara selbst.

Aber dann wurde es auch wieder besser und die Ärzte rieten zu, als die Mutter nach der Hochzeit von Cornelia den Plan fasste, eine Wohnung für Barbara zu suchen.

Nachdem Barbara ihre eigene kleine Wohnung hatte, rief sie manchmal die Mutter an: Ich muss in die Klinik sagte sie einfach. Oder: Ich schaffe es nicht.

Die Mutter fuhr dann los und brachte Barbara in die Klinik. In anderen Fällen war es die Mutter, die darauf drängte, oder ein Arzt. Das führte jedenfalls dazu, dass der Aufenthalt ihrer Tochter in psychiatrischen Institutionen für die Familie Rein den Charakter von Normalität bekam.

Barbara hatte eben eine heimtückische Krankheit, die ihr wahres

Gesicht nur gelegentlich zeigte. Die Krankheit hauste im Verborgenen in ihr, wie Bakterien oder Viren, die sich in einer Ruhephase auf den nächsten Angriff vorbereiteten. Die Ärzte betonten, dass die Krankheit von Barbara nicht von Krankheitserregern dieser Art verursacht sei, doch entsprach es ihrem Denkschema.

Für Barbara war das anders. Wenn das, was die Ärzte die »Krankheit« nannten, sichtbar wurde, wenn Barbara psychotisch wurde, dann fühlte sie sich meistens nicht sehr gut. Aber manchmal fühlte sie sich dann überhaupt nicht krank. Dann fühlte sie sich im Gegenteil erst richtig gesund. Dann war sie aufsässig, floh ihre Familie, ohne Schuldgefühle zu haben, und nahm sich vieles, ohne zu fragen. Es waren die Menschen um sie herum, die entsetzt waren und sich vor der Krankheit erschreckten. Barbara sagte in diesen Phasen, dass diese Menschen selbst krank waren. Sie erzählte, dass die Mutter von ihrer Angst oft aufgefressen wurde und dass sie neidisch auf die Tochter war, ihr nichts an Erfolg gönnte, dass der Vater überhaupt nicht wusste, was Liebe ist, und dass er der Mutter hörig war. Sie sagte es allen, unverblümt und offen. Aber natürlich dachte jeder, dass die Krankheit den Geist von Barbara völlig verwirrt hatte.

Ihr selbst nützte dieses Wissen auch nichts. In den psychotischen Phasen bekam sie irgendwann Mitleid mit ihrer Familie, die von ihrer Verfassung immer sehr erschreckt war, und fügte sich dem, was die Familie Behandlung nannte. Nachher in den Phasen der Ruhe verleugnete sie ihr Wissen um die Wahrheit und nannte die Psychose auch Krankheit.

Zu einem Problem wurde es allerdings, wenn sie zu den Ärzten ging. Die Ärzte taten unterschiedslos so, als sei die Barbara, die mit ihnen in der ruhigen Phase sprach, die ganze Barbara. Das, was in ihrer psychotischen Zeit auftauchte, wurde wie ein Feind, der sich glücklicherweise zurzeit zurückgezogen hatte, behandelt. Zurückgezogen hatte er sich allerdings in Barbara.

Der Hausarzt Dr. Abel ließ sich einen Bericht der Klinik kommen und verordnete die Medikamente, die von den Fachärzten für Psychiatrie vorgeschlagen wurden. Nach irgendwelchen Lebensereignissen oder psychischen Beschwerden fragte er nicht, obwohl er immer ein offenes Ohr für ihre Lebenssituation oder Lebensprobleme hatte, soweit Barbara in der Lage war, darüber zu sprechen. Aber das hatte in seinem Verständnis mit ihrer Krankheit nichts zu tun. Er sprach mit Barbara über ihre Krankheit, als hätte sie beispielsweise ein Nierenleiden.

Die Psychiater hatten diese einfache Lösung nicht. Sie kannten ja den Feind. Anfangs ging Barbara zu einem, der eine vornehm eingerichtete Praxis hatte und bei dem sie sich eigentlich deplaziert vorkam. Bei ihm brauchte Barbara nie lange zu warten. Die Fragen, die der Psychiater für sie hatte, waren wenige und fast immer die gleichen:
Wie geht es Ihnen?
Können Sie gut schlafen?
Haben Sie Angst?
Wenn Barbara schon mal anmerkte, dass sie sehr apathisch sei, schlug er vor, das Medikament zu wechseln. Aber das wollte Barbara nicht. Sie hätte gern erzählt, dass sie trotz der Medikamente manchmal von Ängsten gequält wurde, ohne fürchten zu müssen, dass der Arzt versuchte, sich des Problems dadurch zu entledigen, dass er noch mehr Medikamente verschrieb, oder auch, dass sie die Psychose manchmal wie eine Befreiung erlebte. In dieser Praxis bekam sie das Gefühl, Träger gefährlicher Keime zu sein, vor denen der Arzt sich und seine anderen Patienten schützen wollte.

Darum ging sie bald in eine andere Praxis. Die Ärztin dort nahm sich mehr Zeit für sie und hatte offensichtlich auch mehr Patienten ihrer Art. Sie war eine liebe Frau, die sich lange die Beschwerden von Barbara anhörte, ihr Mut machte, aber schließlich auch nicht helfen konnte. Sie schien sehr ängstlich zu sein, fragte immer wieder danach, was Barbara so den ganzen Tag machte, wollte sie viele Male in die Klinik einweisen oder in ein Heim und war immer erst dann beruhigt, wenn die Mutter von Barbara sich meldete und entschied, was nun zu tun war. Weil sie so teilnahmsvoll zuhörte, mochte Barbara diese Ärztin. Das war auch ein Fortschritt gegenüber ihrem Kollegen. Aber sie hatte offensichtlich selbst zu viel Angst vor der »Krankheit«, um sich mit ihr auseinandersetzen zu können.

Auf Anraten der Mutter machte Barbara auch die Bekanntschaft einer Homöopathin. Sie erzählte ihr ihre ganze Lebensgeschichte, beschrieb minutiös ihre Beschwerden und ihren Lebensrhythmus bzw. ihre Lebensgewohnheiten einschließlich der früheren Speiserituale. Die Frau hörte zu, ließ auch nichts aus, aber Barbara hatte den Eindruck, dass sie den Ernst der Lage nicht begriffen hatte. Sie leugnete, dass es überhaupt einen Feind gab. Barbara hätte ihre Psychose selbst ja gar nicht »Feind« genannt. Aber dass es einen unversöhnlichen Gegensatz gab und dass beides in ihr lebte, das war nicht in Zweifel zu ziehen. Für die Homöopathin waren die Beschwerden nur Entgleisungen ansonsten gut funktionierender Lebensprozesse. Die Ärztin verschrieb ihr Pillen und Tropfen, die sie genau nach Vorschrift nehmen musste. Es schien Barbara eine Zeit lang so, als ob sich etwas in ihr änderte, aber bald erlosch dieser Eindruck wieder.

Lucie meldete sich immer mal wieder. Mit der Zeit aber wurden die Abstände zwischen den Besuchen bzw. Anrufen größer. Schließlich rief Lucie auch nicht mehr bei Barbara selbst an, sondern erkundigte sich bei der Mutter nach dem Befinden von Barbara. Die Mutter erzählte dann von den Schwierigkeiten: Sie war jetzt schon lange nicht mehr in der Klinik. Die Medikamente nimmt sie ja. Aber die helfen auch nicht mehr. Ich weiß nicht, was sie den ganzen Tag tut. Es muss doch schrecklich langweilig für sie sein. Sie sieht nicht mal fern. Früher hat sie ja noch gelesen. Aber das tut sie auch nicht mehr. Natürlich, geh sie mal besuchen. Ich kann mal mit ihr darüber sprechen.

Es kam auch noch einmal zu einem Besuch. Barbara freute sich ganz offensichtlich. Aber sie sagte fast nichts. Lucie war durch das merkwürdige Verhalten von Barbara geängstigt. Barbara ließ überhaupt keine Gefühlsreaktionen erkennen. Lucie erzählte von ihrem beruflichen Alltag. Sie war Grundschullehrerin und hatte Spaß an dem Umgang mit Kindern. Mit den Eltern der Kinder kam sie nicht immer so gut aus. Die Männer sind ja meist ganz nett, jedenfalls wenn ihre Frauen nicht dabei sind. Aber die Mütter wissen immer alles besser.

Lucie merkte schnell, dass Barbara damit nichts anfangen konnte. So versuchte sie es mit der Wohnungseinrichtung. Sie wollte ihre Freundin in ein Gespräch darüber hineinziehen, wie die karge Möblierung freundlicher werden könnte. Barbara sagte »Ja« und »Nein«. Der Besuch war schnell zu Ende. Es war der letzte.

Mit einem Mitarbeiter des Zentrums für psychisch Kranke freundete sich Barbara etwas an. Es war Klaus, ein älterer Mann, der jedem erzählte, dass er schwul war. Klaus sollte sich um die Besucher dieses Zentrums kümmern, was er auch engagiert tat. Aber er machte es auf seine Art. Er hatte Talent zur Darstellung, war immer zum Scherzen aufgelegt und sah den Sinn seiner Arbeit vor allem darin, seinen Schützlingen Lebensmut zu machen. Andere Dinge, ob etwa Barbara ihre Medikamente nahm, ob sie Ordnung oder sich sonst an die Regeln hielt, die ihr von wem auch immer vorgegeben waren, interessierte ihn eigentlich nicht. Wenn er sie sah, rief er, als ob er einen Star ankündigen wollte: Halloooo! Barbara! Er umarmte sie, gab ihr einen dicken Kuss auf die Wange und fing an zu erzählen. Er war ein sehr zuverlässiger Mensch. Barbara mochte ihn, weil er sie, was ihre

Lebensführung betraf, in Ruhe ließ. Er führte ihr das Leben vor und verlangte nicht, dass sie selbst aktiv wurde.

Die Tage, in denen Klaus von anderen Männern umschwärmt wurde, wenn es denn überhaupt mal so gewesen war, waren vorbei. Sein Alter hatte ihm die Schönheit, die er in früheren Jahren besessen haben mochte, geraubt. Die Haut war faltig, das Haar dünn geworden. Zudem blieb er, trotz aller Anstrengungen abzunehmen, sehr rundlich. Das bekümmerte ihn sehr. Einen Partner hatte er nicht. Auch darüber sprach er häufig. Abgesehen vom Beruflichen lebte er ausschließlich in der Schwulenszene, kehrte nur immer wieder zu seiner Mutter zurück, von der er mit Respekt und Abscheu zugleich sprach. Er war ein großer Kenner und Liebhaber der Künste. Wenn er von einer Vernissage sprach, die er besucht hatte, war so viel Begeisterung in seiner Beschreibung, dass man Lust bekam, auch dorthin zu gehen.

Manchmal besuchte er Barbara in ihrer Wohnung, manchmal ging er mit ihr irgendwohin. Er machte aus allem ein aufregendes Ereignis. Wenn sie spazieren gingen – er hatte oft einen großen bunten Regenschirm bei sich – erzählte er, was er erlebt hatte und spielte es Barbara beim Gehen mit großen Gesten vor. Klaus hatte sich mal wieder in einen jungen Mann verguckt, den er in einer Kneipe gesehen hatte. Er hatte ihm in wunderbaren Worten deutlich machen wollen, wie sehr ihn seine Schönheit bezauberte. Dabei vergaß er nicht zu betonen, dass die Schönheit dieses Knaben Augen brauchte, die sie sahen. Klaus ging einige Schritte vor Barbara und deklamierte mit übertriebener Gestik.

Du bist die Sonne, die meine Augen sehen lässt, habe ich gesagt, und er streckte die Arme gegen den grauen Himmel, wo im Augenblick aber keine Sonne zu sehen war.

Ach, der göttliche Phidias, umsonst, umsonst hat er gelebt, weil er dich nicht gesehen hat. Zu Barbara gewandt: Großer griechischer Bildhauer.

Und dann sind mir vor Begeisterung die Worte ausgegangen und ich habe ihm gesagt, dass ich ihn hinreißend finde. Und weißt du, was der Kerl gemacht hat? Er hat sich an seinen Nachbarn gewandt, auch so ein junger Schnösel, und hat gelacht. Der hat den Namen Phidias bestimmt noch nie gehört. Barbara auch nicht.

Klaus sah an sich hinunter und war bekümmert. Aber dann fing er sich: Siehe, es weinen die Götter, es weinen die Göttinnen alle, dass das Schöne vergeht ...

Barbara hörte zu, sagte aber nichts.

Barbara wusste nicht genau, was Klaus meinte. Schönheit und Begehren waren ihr fremd geblieben. Aber sie bemerkte, dass das Leben von Klaus Ziele hatte. Er konnte erfolgreich sein und scheitern, er hatte Fantasien, mit denen er die Zukunft antizipierte, und er hatte Erlebnisse, die er seinem Schatz der Erinnerung hinzufügte. Klaus hatte eine Geschichte und er machte seine Geschichte.

All das hatte Barbara nicht. Sie hatte Symptome. Früher waren es die Speisevorschriften. Heute waren es die Stimmen, die mit ihr sprachen, und ihre Ängste. Diese Zwiegespräche waren anders als die mit Klaus. Es waren keine Neuigkeiten, es war nichts von der Welt, was sie durch die Stimmen erfuhr. Es war auch nicht wie die Liebesangelegenheiten von Klaus. Die verstand sie zwar auch nicht, aber sie spürte, dass darin etwas verborgen war, was zu wissen sich lohnen würde. Die Stimmen waren Barbara selbst, in ihnen traf sie immer nur auf sich.

Was die Begegnungen mit Klaus von anderen Unternehmungen unterschied, war, dass Klaus Barbara für nichts benutzte. Er war ihr zugewandt und doch distanziert. Klaus brauchte Barbara nicht. Seine Sehnsucht nach Liebe und Lust, sein Hass auf die Mutter und seine übergroße Liebe zu ihr, das alles konnte er in immer neuen Variationen in der Szene der schwulen Männer ausleben. Mehr brauchte er auch nicht. Ihn interessierte nichts anderes.
 Und die anderen Menschen um Barbara? Was machte Ursula Rein mit ihrem Hass? Was Lothar Rein mit dem Gefühl seiner elenden Nichtigkeit, sein verbissenes Aufbegehren dagegen? Wie verarbeitete Cornelia die Demütigungen? Sie alle hatten gelernt, Gefühle, die in ihrem Leben entstanden waren, in Handlung und gesellschaftliche Realitäten umzuformen. Das erst gab ihnen das Gefühl, dass sie lebten. Aber es blieb doch ein Rest an inneren Widersprüchen.
 Barbara hatte kein wirkliches Leben, das irgendwie einen Fortschritt bedeutet hätte. Sie blieb gänzlich auf ihren Gefühlen sitzen und machte daraus Symptome, Karikaturen gesellschaftlicher Prozesse. So vereinigte sie in sich die Widersprüche der anderen. Der Hass der Mutter, das sexuelle Elend des Vaters, die Demütigungen der Schwester, die Selbstzweifel von Lucie, die Ängste von Dr. Hoffmann – alles lebte in Barbara. Das war es, woraus Barbara bestand.

Das erste Ende der Geschichte
und eine ernste Unterhaltung

Barbara war nun fünfunddreißig Jahre alt. Es war schon etwas her, dass sie eine eigene Wohnung bezogen hatte, in der sie auch einige Zeit ziemlich selbstständig lebte. Aber sie war gezeichnet von den vielen Symptomen. Sie sah alt aus. Die Augen waren ohne Glanz, die Haut war blass. Das Haar zeigte schon graue Strähnen. Barbara kleidete sich inzwischen manchmal sehr nachlässig. Doch war sie nicht mehr so dürr wie früher, sondern hatte weibliche Rundungen bekommen. Das war eine Auswirkung der Medikamente. Eine weitere Folge der Mittel schien zu sein, dass sie Barbaras Apathie verstärkten. Die meiste Zeit lag sie auf ihrem Bett, sah selten fern, noch seltener hörte sie Musik. In den ersten Jahren las sie ab und zu einen Roman. Aber irgendwann hörte auch das auf. Ihre Mutter besuchte sie regelmäßig, der Vater und die Schwester kamen nie in ihre kleine Wohnung. Sie sahen Barbara, wenn sie anlässlich wichtiger Familienereignisse im Haus der Eltern war.

Es war Robert, der den Anstoß für die letzte Episode im Leben Barbaras gab. Inzwischen war er so etwas wie der Familienanwalt der Reins geworden. Die Länge der Bekanntschaft und die Anlässe der Beratung hatten aus dem Umgang eine gewisse Freundschaft werden lassen. Man hatte sich das eine oder andere Mal auch privat beim Abendessen gesehen. Einmal hatte ihn Frau Rein anlässlich einer zwangsweisen Unterbringung ihrer Tochter gebraucht. Die Mutter hielt die weitere Unterbringung nicht mehr für nötig, musste das aber gegen die Ärzte der Klinik durchsetzen.

Robert, der sich mit der Rechtsmaterie der Unterbringung nicht auskannte, half dennoch und sah bei dieser Gelegenheit Barbara nach langer Zeit wieder. Die Ärzte in der Klinik und das ganze Ambiente fand er wenig hilfreich für ein so verstörtes Wesen. Er war auch befremdet und etwas erschrocken über Barbara, wenn er sich das Bild des Mädchens, das er gekannt hatte, in Erinnerung rief. Aber es gelang ihm, mit der Mutter die Entlassung Barbaras durchzusetzen.

Einige Zeit später merkte Robert, dass ihn die Sache nicht losließ. Es interessierte ihn, was mit Barbara war. Und da er keinen großen Respekt vor den Ärzten der Klinik gewonnen hatte, dachte er daran, einen Mann zu konsultieren, von dessen Fähigkeiten er eine gute Meinung hatte. Robert hatte in seinem Bekanntenkreis einen Psychiater, Dr. Kraus. Er kannte ihn nicht besonders gut, hatte ihn aber auf einer Gesellschaft über verschiedene Dinge sprechen hören. Bei dieser Gelegenheit war seine gute Meinung über Dr. Kraus entstanden. Überdies fand er ihn sympathisch.

Robert sprach Dr. Kraus an und fragte ihn, ob er sich nicht einmal Barbaras annehmen wollte. Dr. Kraus reagierte ebenso positiv wie zurückhaltend. Ja natürlich, er wolle gern, aber sie müsse schon zu ihm kommen. Robert fragte Frau Rein, die nichts dagegen hatte.

Es war ein schwieriges Unterfangen. Er besuchte Barbara und schlug ihr vor, Dr. Kraus aufzusuchen. Barbara wunderte sich, warum sie gerade zu diesem Psychiater gehen sollte. Schließlich aber tat sie ihm den Gefallen, vielleicht auch, weil die Mutter den Vorschlag unterstützte.

Es war schwierig, herauszubekommen, was das Ergebnis der Besprechung zwischen Barbara und Dr. Kraus gewesen war. Es war ein langes Gespräch, und das Ergebnis war wohl, dass Barbara so weiterleben sollte wie bisher. Jedenfalls passierte nichts. Robert war enttäuscht.

Aber er gab nicht so schnell auf. Er war unbefangen genug, selbst zu versuchen, was andere nicht tun wollten. Er besuchte Barbara und lud sie zum Essen oder zu einer Veranstaltung ein. Seine Frau bat er, dass sie ihn gelegentlich begleitete. Es sollte keiner auf falsche Gedanken kommen, am wenigsten Barbara selbst. Barbara nahm die Einladungen von Robert meistens an. Sie war eine skurrile Begleiterin. So trug sie immer einen Mantel, egal wie warm es war. In Lokalen pflegte sie ziemlich laut das Essen zu kommentieren. Manchmal lachte sie unmotiviert. Dabei war sie insgesamt sehr schweigsam. Es war kaum möglich, mit ihr ein längeres Gespräch zu führen.

Einmal ging er mit ihr am großen See, der am Rande der Stadt lag, spazieren. Es war ein warmer Sommertag, und so waren viele Leute dort. Barbara war einsilbig und antwortete immer nur mit »Ja« und »Nein«. Darum überließ Robert sich lieber seinen Gedanken. Er wollte den Spaziergang dann doch wenigstens auf seine Weise genießen. Barbara war die ganze Zeit mit sich beschäftigt. Unversehens ging sie auf eine junge Frau zu und sprach sie an. Robert verstand nicht, was sie sagte, da er einige Schritte zurückgeblieben war. Die junge Frau reagierte abweisend. Barbara wurde unruhig, sprach auf die Frau ein und lief schreiend weg.

Robert kam sich bei dieser und ähnlichen Aktionen ziemlich komisch vor. Die beiden passten äußerlich auch gar nicht zusammen. Ein gut situierter Herr im Anzug und neben ihm eine jüngere Frau, der man ansah, dass etwas mit ihr nicht stimmte. Doch war Robert ein Mensch, dem das Ziel, das er sich gesetzt hatte, wichtiger war als das, was die Menschen darüber dachten, und darum war es ihm egal, wie er mit Barbara auf andere Menschen wirkte.

Die Sache zog sich hin, ein Jahr und dann noch eins, ohne dass sich etwas an Barbara und ihren Lebensgewohnheiten verändert hätte. Robert registrierte das resigniert, aber er sprach mit keinem darüber. Er dachte sich schließlich, dass es eben so bleiben würde und dass es auch Sinn machte, Barbara auf diese Weise am Leben teilhaben zu lassen, nämlich dass er sie ein paar Mal im Jahr zu Unternehmungen einlud. Auf eine gewisse Weise hatte er auch eine Zuneigung zu ihr gefasst.

Eines Tages machte Barbara Probleme mit dem neuen Termin, den Robert mit ihr ausmachen wollte. Sie hätte zu dem Zeitpunkt eine andere Verabredung. Normalerweise rief er an, schlug ihr einen Termin vor, und da Barbara den ganzen Tag nichts zu tun hatte, gab es keine Absagen von ihr. Die Mutter besuchte ihre Tochter fast immer am Freitag, was Robert wusste. Frühere Termine waren auch schon mal geplatzt, wenn Barbara unverhofft in die Klinik ging. Aber das hatte sie nie angekündigt, weil sie natürlich vorher darüber nichts wusste bzw. wissen konnte. Die Situation war diesmal eine andere. Als Robert sie fünf Wochen später wieder traf, sah Barbara anders aus. Ihr Gesicht war frischer, und sie hatte sich die Lippen geschminkt, wenn das auch etwas daneben gegangen war. Robert fragte sie aus. Was er herausbekam, war, dass sich Barbara mit einem jungen Mann angefreundet hatte, der auch psychisch krank war. Es war nicht zu erfahren, wo sie ihn aufgegabelt hatte, wie oft sie ihn sah und wie nahe sie sich standen.

Robert hat nicht weiter nach dem jungen Mann gefragt. Er dachte, dass sich Barbara in diesen Mann, dessen Namen er auch erfuhr, verliebt hatte.

Die Treffen mit Barbara fanden nun noch seltener statt. Einige Male lag fast ein halbes Jahr dazwischen.

Schließlich bekam er auch Barbaras schweren Rückfall mit. Sie erschien eines Tages nicht zum vereinbarten Termin. Das war nicht das erste Mal. Ein Anruf bei ihr machte ihm klar, in welcher Verfassung sie war. Als er erneut versuchte, Barbara anzurufen, konnte er sie nicht erreichen. Von der Mutter erfuhr er, dass sie in der Klinik war. Nach ihrer Entlassung, die erst nach vielen Monaten erfolgte, erfuhr er, dass es Barbara sehr schlecht ging. Er wollte sie wieder anrufen, schob das aber vor sich her. Er sah sie nicht wieder. Eines Tages bekam er die Todesanzeige von Familie Rein. Von der Mutter, die er zu einem Kondolenzbesuch aufsuchte, erfuhr er die Geschichte: Barbara ist es die ganzen letzten zweieinhalb Jahre schlecht gegangen. Erst vor einigen Monaten hat sie sich erholt. Wir haben alle aufgeatmet. Der Schub war diesmal schlimmer als alles gewesen, was wir kannten. Nichts hat geholfen. Sie war monatelang in der Klinik. Man konnte sie überhaupt nicht mehr verstehen. Sie redete nur wirres Zeug. Am Anfang ging es noch. Aber dann ist es in der Klinik immer schlimmer geworden. Ich habe sie ja fast täglich besucht und habe alles genau mitbekommen. Ich bin selbst krank darüber geworden. Dann ist sie auch aggressiv geworden.

Hier brach die Mutter in Tränen aus und konnte lange nicht weiter sprechen. Sie hat mich ... aber wieder hinderten die Tränen sie. Sie hat mich geohrfeigt, ein paar Mal. Sie wurde darum ans Bett gefesselt. Da hat sie mich angespuckt. Die Mutter weinte lange und Robert sagte nichts.

> In solchen schweren psychotischen Zuständen stehen die psychischen Funktionen nicht in ihrer reifen Form zur Verfügung, also Denken, Kontrolle der Gefühle, Kontrolle von Handlungsimpulsen etc. Es ist ein Zustand ähnlich wie beim kleinen Kind, das ja alles dieses noch lernen muss. Vielleicht wird es eines Tages gelingen, den Patienten zu helfen, ihre psychischen Fähigkeiten neu und stabiler als vorher wieder aufzubauen.

In der Klinik habe ich mich ja zusammengenommen, wenn ich neben ihrem Bett saß. Aber auf dem Weg nach Hause habe ich immer weinen müssen. Die Pfleger und Schwestern waren nett zu mir. Sie haben versucht, mich zu trösten.

Und dann bekam ich später diesen Brief, von einem Rene Steinmann. Frau Rein ging hinaus und kam nach einer kurzen Weile zurück. Sie reichte Robert ein Papier. Verrückt. Wir wissen auch nicht, wer dieser Mann ist.

Auch das ist ein (von mir leicht verändertes) Schreiben eines meiner schizophrenen Patienten, der aber anonym bleiben wollte. Der Brief wurde aus einem ähnlichen Anlass geschrieben wie dem in der Geschichte. Der Mann verlor sein Kind.

Robert las:

Sehr geehrte Frau Mutter Rein,
meine Freundin ist wohl letztendlich daran zerbrochen, es war der Fall, dass sie geschlagen hat. Für die anderen wars aus meiner Betrachtung viel weniger schlimm.
Ich bins, ders hört und an Sie weitergibt. Denn wir alle sind geschlagen worden und haben geschlagen.
All die Kinder, die ihre Schrecken leben konnten, loslaufen konnten, weil sie vom Leben wissen, all die, die glauben, Geheimnisse teilen, zusammen leben, Einsichten haben und damit arbeiten können, all die sich das Leben erobern konnten, sie sind zu beneiden aus tiefster Seele. Ich liebte sie alle. Ich liebte sie dafür. Es trennte mich etwas vom Leben und den Menschen. Ich war gebrochen, nur zu sehen, keine Sprache, kein Augenblick, nur manchmal hörte ein Schmerz auf, den ich sonst nicht wahrnahm. Ich hatte mich in meiner Kindheit selbst verabredet. Die Fortsetzung meines Lebens war nichts mehr wert für mich.

Dieser Brief ist schwer zu verstehen. Er wirkt konfus und zusammenhanglos. Das ist er auch in gewisser Hinsicht. Man versteht ihn besser, wenn man die Einzelheiten des Textes als Einfälle ansieht, die das Gefühl von Rene ausdrücken. Wenn er beispielsweise beginnt: »Ich bin's, ders hört und an Sie weitergibt«, meint er: Ich habe etwas erfahren beziehungsweise erlebt, was kein anderer weiß, das ich Ihnen mitteilen kann. Wenn er von »geschlagen« spricht, meint er, dass das Leben voller Aggressionen ist. In den nächsten Zeilen spricht er von den Kindern, die die normalen Schrecknisse der Kindheit besser verkraften konnten als er, der »gebrochen« war.

Ich, glauben Sie mir, habe kein Interesse, mich als Rene Steinmann zu entwickeln. Warum. Ich kenne den Abort, den Beton, die Ver-

dorbenheit, die verstellten, verstellten messerschneidenden kopfhängenden Realitäten meines bisherigen Lebens, das ich neununddreißig Jahre auf einer treibenden Scholle verbrachte, kein Sinn, nur das Wissen einer gottlosen kranken, total kranken Welt, deren Natur ein Bann und Fluch ist. Nur meine Mutter muss es zu genau genommen haben, vielleicht aufgrund ihrer unerfüllten Wünsche ihrer einsamen Ideologie. Das ist schon wieder alles ein Märchen. Das helle unaufhörliche Denken, an dem man letztendlich zu Tode bricht, ist durch einen tiefen vorgeburtlichen Vertrauensverlust in seine nächste Umgebung entstanden. Bin jetzt zu alt, ein Schadensfall, der ich bin, den man aus einem »Verbundsystem« heraushalten wollte.

Es ist ein anderer Tag heute.

Die Frau brauchte wirklich intensive Behandlung, Zuwendung, Arbeit. Wer kann das schon! Vermutet werden kann, dass der Faden der Frau zum Zerreißen gespannt war und in Müdigkeit und Schlaf überging.

Schon in der Schwangerschaft ist vieles im Argen.

Ich denke, eine verbrauchte Seele wird voll eine andere haben wollen.

Ein Baby im Mutterleib kann stark bis völlig gegeißelt sein (werden). »Irrsinn ist programmiert.« Das Baby hat nur noch die Chance, sich zu wehren mit heftigem Strampeln, Treten. Beide finden das Leid, sind gebrochen und erleben den Bruch zum nächsten. Man könnte hier ansetzen zu sehen und helfend beizustehen.

Ich will nicht zu sehr psychologisieren. Eher was an Krankem erfahren wird, aufzeigen.

Geschichte und Kranksein der Eltern erst mal auf ein Nebengleis gestellt.

Viele Menschen dieser Welt sind von Geburt so defekt und in einer Weise ins Leben gerufen, dass es braucht, dass es zum wirklichen Leben dämmert. Es tritt Verstörung ein und nicht ganz wissen wie und wohin.

Das »Bekloppte« an dem »Beklopptsein« der Kinder ist nicht eben dies, sondern das kümmerliche, verdorbene Verhalten der Eltern.

Es ist kaum zu beschreiben und schlimmer. Man sollte denken, dass der schizophrene Himmel, der schizoiden-paranoiden zwanghaft Lebenden den (Un-)Menschen eine Schande ist.

Tatsächlich erscheint es gottlos (ist es gottlos?). Dies ist immer die Folge von seelischen Brüchen, eine Welt ohne Türen, die keinen Zugang fand. Allein in Angst fortgeschickt und sich selbst überlassen.

> *Diese Anmerkung ist kaum von Wert, denn eine Welt, die keinen Glauben schöpfen kann aus Leben, kann nicht leben.*
> *Es tritt ein anderer Fall ein, helles Wachen in seelischer Dunkelheit sowie Schlaf.*
> *Es wird nichts gesagt, nichts bewegt.*
> *Kommen wir wieder zum Liebesleid. Jeder ist in der Lage, zu erkennen, was es zu erkennen gibt. Zum Beispiel Verlachen des Ernstes der Kinder. Ich sag nicht, dass Eltern mustergültig sein müssen (kann gar nicht sein).*
> Rene Steinmann

Nach einer Weile fuhr Frau Rein mit ihrem Bericht fort: Die Ärzte haben alles an Medikamenten versucht. Ihre Arme waren ganz zerstochen, so viel Spritzen hat sie bekommen. Zum Schluss haben sie keine Venen mehr gefunden. Sie wirkte damals wie betäubt, so viel hat sie bekommen. Aber schließlich hatte sie keine Widerstandskraft mehr. Sie wurde ruhiger, immer ruhiger. Jetzt kam eine lange Zeit der Apathie. Für uns, die Familie, war das genau so schlimm. Barbara war nicht mehr sie selbst. Sie nässte manchmal auch ein. Die Ärzte haben alles untersucht, sie haben Spezialuntersuchungen des Kopfes gemacht, aber sie haben nichts gefunden.

Endlich, nach langer Zeit, ging auch das vorbei. Ich habe immer ein gutes Gespür für Barbara gehabt, besser als irgendeiner der Ärzte. Ich habe sie damals nach Hause genommen. Die Ärzte waren mir dankbar, die waren ja längst mit ihrem Latein am Ende. Die Medikamente habe ich etwas reduziert, ohne einen Arzt zu fragen, und von da ab ging es aufwärts. Ihr Zustand wurde besser. Wir waren ja so glücklich nach dieser langen Leidenszeit. Sie lebte wieder in ihrer Wohnung, und ich habe sie wie früher nur einmal die Woche besucht und nach dem Rechten geschaut.

Die Mutter hielt einen Augenblick inne und sagte dann: Man muss ja sagen, dass sich die Ärzte und Schwestern in der Klinik viel Mühe gegeben haben. Die hatten auch eine Menge auszuhalten. Ich weiß noch, das war kurz nach der Entlassung, da ist sie mir einmal um den Hals gefallen und hat geweint. Sie hat gesagt, dass sie mir so dankbar für alles ist und dass es ihr so leid tut.

Wieder weinte die Mutter und machte eine lange Pause.

Ich habe sie zuletzt am Freitagnachmittag besucht. Sie war gut gelaunt. Wir haben darüber gesprochen, dass sie ein neues Sofa braucht. Ich hatte in der Zeitung Prospekte von Möbelhäusern gefunden und einige Sachen angekreuzt, die ich gut fand. Die habe ich ihr gezeigt. Wir haben lange darüber gesprochen. Sie war richtig begeistert. Sie hat sich für ein Sofa entschieden, das mir auch gut gefallen hat. Das war ein Sofa zum Liegen und Sitzen und dabei ganz zierlich. Das würde gut in ihre Wohnung passen. Als ich nach Hause ging, hat sie sich ganz lieb von mir verabschiedet.

Die Mutter stoppte.

Vielleicht hat sie es schon gewusst. Mir ist es noch nicht aufgefallen. Aber nie hat sie sich so lieb von mir verabschiedet. Sie ist vom Dach eines Parkhauses gesprungen, sagte die Mutter tonlos und schwieg. Auch Robert schwieg.

Barbara war am Montag, so gegen acht Uhr dreißig, wie die Polizei später rekonstruierte, zu einem nahe gelegenen hohen Parkhaus gegangen und von der letzten Etage in die Tiefe gesprungen. Sie war nach dem Sprung offensichtlich sofort tot. Der Körper war durch den Aufprall übel zugerichtet. Sie muss mit den Beinen aufgekommen sein, sie waren in den Rumpf hineingestaucht, sodass sie ganz klein wirkte. Der Hinterkopf war eingedrückt, also war sie nach dem Aufprall nach hinten gekippt und mit dem Kopf aufgeschlagen. Das Gesicht war unversehrt.

Es war eine wenig begangene Straße. Niemand hat den Sprung beobachtet. Der Inhaber eines nahe gelegenen Kiosks, der schon geöffnet hatte, hörte das dumpfe Geräusch des Aufpralls und sah den Körper auf der Straße liegen. Er benachrichtigte die Polizei.

Die Beamten hatten nicht viel Mühe, die Identität der Toten festzustellen. Man fand in einer Jackentasche ein kleines Schächtelchen mit Medikamenten, auf dem Etikett war die Apotheke vermerkt, wo es gekauft worden war. Der Apotheker, der gebeten wurde, sich die Tote anzuschauen, konnte Barbara sofort als eine seiner Kundinnen identifizieren. Ursula Rein nahm die Nachricht am Telefon entgegen. Sie hatte eigentlich ständig damit gerechnet, dass es passieren würde. Aber der Tod, wenn er einem so nahekommt, ist immer ein Schrecken.

Ursula Rein erstarrte innerlich in einer einzigen Sekunde. Nur das Weinen half ihr. Sie hat auch später lange um dieses Kind geweint, in einsamen Nächten und am Grab. Es war ja nicht nur, dass das Leben ihres Kindes noch vor ihr zu Ende gegangen war, es erschien ihr auch wie ein verlorenes Leben, das da in ihrem Schoß entstanden war. Der Vater nahm es scheinbar ohne große innere Bewegung auf. Cornelia war gespalten. Sie empfand viel Trauer um ihre Schwester und fühlte sich selbst verloren. Zugleich spürte sie auch Erleichterung. Sie wusste, dass sich Barbara mit dem freiwilligen Tod viel Kummer erspart hatte.

Aber wie es ihre Natur war, waren diese Gefühle mehr unbewusst als bewusst.
Beim Abschied drückte Robert lange die Hand von Ursula Rein und sie ließ es geschehen.
Es war eine kleine Trauergemeinschaft bei der Beerdigung, die Eltern, Cornelia und ihr Mann, Robert mit seiner Frau und die Mutter von Cornelias Mann. Sie umarmte Ursula Rein lange wortlos am offenen Grab.

Für Robert war Barbaras Geschichte mit der Beerdigung noch nicht erledigt. Er fragte sich, ob seine Unternehmungen etwas mit dem Selbstmord von Barbara zu tun hatten. Aber wie sollte er eine Antwort finden? Schließlich meldete er sich bei Dr. Kraus an.

Dr. med. Johannes Kraus war Facharzt für Psychiatrie. Zugleich hatte er eine Ausbildung als Psychotherapeut. Es war ein schon grau gewordener Mann, klein und ziemlich rundlich, dabei quicklebendig und ständig mit einem verschmitzten Lächeln im Gesicht. Er genoss bei den Kollegen und auch Patienten den Ruf, ein solider und kenntnisreicher, aber auch etwas kauziger Arzt zu sein. Kraus verstand sein Fachgebiet so, dass er den gesellschaftlichen Auftrag hatte, Verrücktheit für die Gesellschaft handhabbar zu machen. Natürlich kann man psychische Krankheiten auch heilen, jedenfalls in vielen Fällen. Aber immer hielt er das gar nicht für wünschenswert.

Manchmal malte er sich aus, dass es eine Gesellschaft irgendwie doch erreichen könnte, Psychosen und verwandte Zustände auszumerzen. Wenn er in den Fachzeitschriften, die er regelmäßig las, die Begeisterung seiner Fachkollegen für bestimmte therapeutische Neuerungen spürte und von ihren Erfolgsberichten las, fragte er sich, ob das nicht doch eine realistische Perspektive sei. Vielleicht ist es doch möglich, die Psychose so auszurotten oder wenigstens zurückzudrängen wie zum Beispiel die Pocken oder die Pest. Er versuchte sich vorzustellen, wie das sein würde: Ein gesellschaftlicher Zustand, in dem es keinen vor Neid kranken Richard den Dritten, keinen paranoiden Stalin, keinen größenwahnsinnigen Hitler gab; denn dass diese Menschen verrückter gewesen waren als seine kränksten Patienten, daran zweifelte er nicht. Entweder nämlich hatten sie an den Blödsinn, den sie da verkündeten, geglaubt und waren eben darum verrückt, oder sie glaubten nicht daran, dann waren sie wegen ihrer Mordgier verrückt.

Er stellte sich vor, dass jeder normal sein würde. Aber bei dieser Vorstellung wurde Dr. Kraus ganz beklommen. Er wollte einen solchen Zustand um nichts in der Welt, weil es ihm wie die Vollendung der Absurdität vorkam. Es gab eine unabweisbare Vorstellung in ihm, dass das eben gleichbedeutend damit sei, dass alles verrückt sei, ohne Freiheit, ohne Leben, ja ohne Entwicklung. Er konnte es nicht besser formulieren. Wenn man versuchen wollte, die Psychose abzuschaffen, dann wird sie zur Normalität. Er pflegte darauf hinzuweisen, dass der Nationalsozialismus psychische Krankheiten durch Mord ausrotten wollte, im Bolschewismus galt sie als Resterscheinung vorsozialistischer Zustände. Das geistig und seelisch Gesunde hat nur eine Chance, wenn auch die Psychose ein Existenzrecht hat.

Kraus war durch diese Gedanken verwirrt. Er hat auch nur im vertrauten Kreis davon erzählt, denn er fürchtete, dafür komisch angesehen zu werden. Ehrlich gesagt, schämte er sich ein bisschen dafür. Sagt man nicht, dass die Psychiater selbst alle verrückt sind? Aber dann dachte er wieder, dass es doch ein Zeichen des Wahns ist, den Zweifel nicht zuzulassen. Sein Zweifel konnte so falsch darum nicht sein. Dann war er zufrieden mit sich.

Der Doktor hatte oft versucht, seine Gedanken dazu niederzuschreiben. Er dachte, es seinen Patienten und Kollegen schuldig zu sein, eine klare und nachvollziehbare Sache daraus zu machen. Aber es ist ihm nie gelungen. Irgendwann kam er immer in Begründungsnöte. Er kam nicht weiter oder verhedderte sich in Widersprüche.

Über Barbara wusste Kraus noch ziemlich gut Bescheid, obwohl es doch schon einige Jahre her war, dass sie bei ihm gewesen war. Er wusste, dass sie psychotisch war, dass sie früher die Gewohnheit hatte, sich zu schneiden. Er wusste von ihren Krankenhausaufenthalten, den Medikamenten und dass sie in ihrem ganzen Leben nie ein Funktionsniveau erreicht hatte, das sie sozial auch nur annähernd unabhängig gemacht hätte. Ihm war auch nicht verborgen geblieben, wie schwer es die Eltern miteinander hatten. Aber von der letzten Entwicklung wusste er nichts, davon musste ihm Robert erzählen.

Dr. Kraus setzte ihm die Sache so auseinander: Es genügt uns Menschen ja nicht, irgendwie zu leben. Wir müssen in der Gesellschaft eine Rolle übernehmen, die akzeptiert wird. Unsere Gesellschaft hält ein Repertoire von Lebensformen bereit, aus denen wir wählen können. Wir brauchen eine soziale Rolle, weil wir anders keinen Ort in der Gesellschaft finden und auch keine Identität ausbilden können. Frau Rein (damit meinte er natürlich Barbara) hatte keine soziale Rolle außerhalb ihrer Familie. Das definierte sie als psychisch schwer krank oder behindert. Als sie den jungen Mann kennenlernte, von dem sie erzählt haben, drängte sich ihr die Notwendigkeit auf, ein neues Lebenskonzept zu entwickeln. Das vermute ich jedenfalls.

Dr. Kraus machte eine Pause, fuhr dann fort: Stellen Sie sich vor, die beiden hätten eine richtige Partnerschaft entwickelt. Das hätte nicht notwendig bedeutet, dass sie zusammengezogen oder berufstätig gewesen wären. Aber es hätte bedeutet, dass Frau Rein ihre Loyalitäten hätte ändern müssen. Die Mutter wäre nicht mehr diejenige gewesen, die bei ihr an erster Stelle gestanden hätte. Sie hätte nach wie vor ein enges Verhältnis zu ihr haben können. Das ist ja bei vielen Menschen so, dass Vater oder Mutter einen großen Einfluss auch bei den erwachsenen Kindern behalten. Aber es wäre eine Verbindlichkeit zwischen ihr und dem jungen Mann – Rene heißt er, sagten Sie? – entstanden, die die Mutter ausgeschlossen hätte. Das gehört zu einer Partnerschaft, wie schwierig sie sonst auch sein mag. Übrigens wäre sie durch diesen Entwicklungsschritt auch erwachsen geworden.

Noch einmal machte er eine Pause und dachte nach.

Robert schwieg und wartete, bis Dr. Kraus fortfuhr: Diese Loyalität zu ändern, ist schwierig. Man entlässt Mutter und Vater aus der Position, die wichtigsten Menschen zu sein, und bindet sich stattdessen an einen Mann oder eine Frau. Wie viele Schwierigkeiten das auch reifen Menschen macht, erlebt man immer wieder in Partnerschaften. Für Frau Rein wäre das die erste Schwierigkeit gewesen. Die zweite Schwierigkeit wäre gewesen, dass sie eine soziale Rolle hätte finden müssen, und sei es auch nur die, eine alleinstehende Frau zu sein. Aber das wäre immer noch etwas anderes, als die behinderte Tochter einer Familie zu sein. Ich glaube, dass sie vor diesen Schwierigkeiten kapituliert hat, aber auch nicht mehr in den alten Status zurückwollte.

Ja gut, wandte Robert ein, aber Barbara brauchte doch gar keine großen Pläne für ihr Leben. Berufstätigkeit, Partnerbeziehung, das wurde von ihr doch gar nicht verlangt. Sie hatte ihr Auskommen, konnte darum doch frei entscheiden.

Genau das konnte sie nicht, so Dr. Kraus. So lange sie ihr eingeschränktes Leben führte, waren ihr Selbstbild und die soziale Situation, in der sie lebte, in relativer Übereinstimmung. Sie war seelisch behindert, sie war irgendwie anders, sie konnte vieles nicht, und die Menschen um sie herum hatten das akzeptiert. Ich habe gerade versucht, Ihnen zu erklären, dass das Selbstbild, eine Behinderte zu sein, für eine Partnerschaft nicht ausreicht. Für Selbstbild können Sie auch Identität sagen.

Okay, okay. Robert hatte einen Gedanken: Aber man entwickelt doch sein Selbstbild nicht abstrakt und handelt dann danach, sondern durch die Praxis entwickelt sich das Selbstbild. Wenn ich erfolgreiche Verhandlungen führe, dann bestärkt es mich darin, dass ich ein guter Anwalt bin. So ging es doch auch Barbara. Sie hat doch wahrscheinlich durch die Beziehung zu diesem Rene eine gewisse Entwicklung gemacht. Sie hat gemerkt, dass sie mit anderen Menschen klarkommen kann. Sie ging selbstständig einkaufen. Sie hat sich hübscher gekleidet. Das bildet doch das Selbstbild. Warum hat sie nicht einfach weitergemacht, sondern sich dann umgebracht, als sie schließlich gesünder wurde?

Was bedeutet es schon, dass wir ihren Zustand krank nennen? Ich will sagen, dass psychische Krankheit eine Definitionssache ist. Andere Kulturen sehen das anders als wir. Kommen Sie, ich zeige Ihnen was.

Dr. Kraus ging zu einem Regal und kramte unter Papieren.

Hier lesen sie!

Er gab Robert einen Zeitungsausschnitt. Robert las:

Kadeshwari Baba steht seit 37 Jahren auf einem Bein. Auch gesprochen hat er seit 1964 nicht mehr. Sein kahl geschorener Kopf ist bunt bemalt, seine Jünger haben einen Baldachin zu seinem Schutz gegen die gleißende Sonne über ihm errichtet, aus safranfarbenen Stoffen und Girlanden. Baba ist einer ihrer Heiligen. Mit mehreren Hunderttausenden anderen Heiligen ist er aus den Wäldern und Höhen, den Wüsten und Weiten Indiens gekommen, um mit Millionen von Gläubigen das heiligste Fest der Hindus zu feiern: die Kumbh Mela.

Amar Bharatji ist ein heiliger Kollege vom stehenden Baba. Seit mehr als 40 Jahren sitzt er im Lotossitz, sein rechter Arm ist ständig zum Himmel gereckt. Die Hand ist nur noch eine Klaue, die Finger verkrüppelt, die Fingernägel hängen wie lange Würmer an den Unterarmen herab. Einen heiligen Schwur hat er getan, eine »sadhana«, zur Läuterung. Sein Haar hat seit Jahrzehnten kein Kamm mehr geordnet, der Bart hängt ihm wild herab. Auch dieser Heilige spricht nicht mehr. Aber wenn er ein Grunzen von sich gibt, dann wissen seine Jünger schon, was er will. Meist ist es ein frisch gerollter Joint. Die Menschen drängen sich in dichten Scharen um ihn, in der Hoffnung, dass von seiner Heiligkeit etwas auf sie abfärbt.

Ein paar Schritte weiter liegt ein Sadhu bewegungslos auf dem Boden. Seinen Kopf hat er tief in den Sand eingegraben. Körperbeherrschung, Joga, Meditation. Neben ihm murmelt ein anderer un-

ablässig Mantras, halbnackt und bis auf die Knochen abgemagert. Er tut es seit 69 Jahren.

Robert guckte auf die Kopfzeile: Kölner Stadt Anzeiger. Das Datum war mit der Hand daneben geschrieben: 25.01.2001 S. 3.

Robert blickte auf Dr. Kraus, der sagte: Nach unserem Verständnis sind diese Heiligen in einem schizophrenen Zustand mit einer Starre, die die Psychiater Katatonie nennen. Aber ihre Psychose hat in dem gesellschaftlichen Gefüge, in dem sie leben, einen Sinn, der von den Menschen um sie herum hoch geachtet wird.

Sehr beeindruckend, sagte Robert. Aber ich verstehe nicht genau, was Sie sagen wollen. Was hat das mit Barbara zu tun? Die wollte doch so eine verrückte Heilige nicht sein.

Stimmt. Ich habe es Ihnen gezeigt, weil ich damit untermauern wollte, dass den schizophrenen Menschen keine soziale Funktion zuerkannt wird.

Dr. Kraus fiel in einen etwas dozierenden Ton: Die Frage, die wir uns gestellt hatten, war, was Frau Rein anders als behindert hätte sein können. Um aus ihrem Status als Behinderte herauszukommen, hätte sie zunächst einmal eine Haltung zu ihrer Weiblichkeit entwickeln müssen. Frau Rein hat es versucht. Ihre Beziehung zu dem jungen Mann ist der Beweis. Ihr Problem muss gewesen sein, dass sie dabei in Widersprüche gekommen ist. Und mit Sicherheit haben ihr die Menschen um sie herum dabei nicht geholfen, sondern haben die Schwierigkeiten vergrößert, indem sie versuchten, Frau Rein in ihrer alten Rolle zu halten. Nehmen wir den Vater: Der musste in dem Augenblick, in dem sie einen Freund hatte, anerkennen, dass seine Tochter eine Frau ist. Das hätte auch eine Veränderung seiner Beziehung zu seiner Frau bedeutet.

Verstehe ich nicht, wandte Robert ein. Dass Barbara ein Mädchen bzw. eine Frau war, wusste der Vater doch schon lange. Und was hat das mit seiner Beziehung zu seiner Frau zu tun?

Sie war ein Kind, wuchs heran zu einem jungen Mädchen und war hübsch. Ich habe ein früheres Bild von ihr gesehen. Das hat ganz sicher auch der Vater bemerkt, und er hat auf irgendeine Art mit seinen sexuellen Bedürfnissen darauf reagieren müssen. Wenn er wahrnimmt, dass er eine hübsche Tochter hat, dann muss er als Vater die erotische Komponente in der Beziehung zu ihr unterdrücken. Mit der Ehefrau hat das in der Tat etwas zu tun. Wenn der Vater nämlich auf seine Tochter als Sexualobjekt verzichtet, dann bekräftigt er damit erstens die Einmaligkeit der sexuellen Beziehung zu seiner Frau und zweitens, dass die sexuelle Rivalität zwischen Tochter und Mutter, was ihn betrifft, zu Gunsten der Mutter entschieden ist.

Dr. Kraus hatte sich etwas ereifert: Das erscheint Ihnen vielleicht selbstverständlich. Aber das ist es nicht. Es erfordert seelische Arbeit und viel Disziplin. Sie sehen es doch an der Familie Rein. Wenn man die Weiblichkeit der Tochter nicht zur Kenntnis nimmt, erspart man sich diese Mühen. Und die Tochter hat das Spiel mitgemacht. Sie hat so getan, als ob sie gar keine Frau ist.

Aber wenn Ihnen das alles zu sehr psychoanalytisch ist, sagte Dr. Kraus, dann sehen Sie es einfach so: Wenn Frau Rein sich so entwickelt hätte, dass sie die Fürsorge der Eltern nicht mehr brauchte, wären die Eltern wesentlich mehr mit sich und ihrer Beziehung konfrontiert gewesen und hätten sich damit auseinandersetzen müssen, was sie als Paar darstellen. So weit ich weiß, haben sie aber eine sehr schlechte Ehe und von daher viele Gründe, diese Konfrontation zu vermeiden.

Das letzte leuchtet mir viel mehr ein, sagte Robert. Aber sagen Sie, Doktor, für den Selbstmord von Barbara bin ich mitverantwortlich, oder? Meine Aktivitäten haben sie den Eltern entfremdet, haben sie mehr eine Frau sein lassen, und das hat sie schließlich zum Selbstmord getrieben.

Ja und nein, mein Lieber. Der Anlass waren Sie, denke ich, schon. Aber verantwortlich für ihren Selbstmord ist sie selbst und niemand anders.

Doktor, sagte Robert, Sie wollen mich schonen.

Nun, schonen will ich Sie nicht, obwohl ich denke, so uneigennützig waren Ihre Motive auch wieder nicht.

Wie meinen Sie das? Was hatte ich denn davon, mich um Barbara zu kümmern. Von einem Helfersyndrom werde ich ansonsten nicht geplagt.

Ich bin an dem Punkt auch nicht so sicher. Erst noch mal zu dem Dilemma, in dem Frau Rein steckte. Sie wusste, was es bedeutete, sich eine neue Lebensperspektive zu erschließen. Als sie bei mir war, haben wir darüber gesprochen. Sie hatte die Wahl. Entweder sie machte so weiter wie vorher. Wenn sie Glück gehabt hätte, wäre es ein ruhiges Leben ohne Besonderheiten geworden. Der einzige Bezugsrahmen wäre die Familie geblieben. Oder sie würde etwas ändern. Das wäre eine Chance gewesen, zu leben. Aber um diesen neuen Weg zu realisieren, hätte sie sich neu orientieren müssen, sie hätte die Zweifel und Widerstände aller Menschen um sich herum, der Eltern, Freunde, Psychiater etc., überwinden müssen. Dass das nicht ohne Blut und Tränen möglich sein würde – um es mal so zu sagen – war klar.

Er fügte hinzu: Ich habe ihr gesagt, dass ich ihr weder zu dem einen und noch zu dem anderen raten kann.

Robert war überrascht. Es beeindruckte ihn, was der ältere Mann da sagte.

Dr. Kraus machte eine lange Pause. Er stand auf und ging in seinem Arbeitszimmer hin und her.

Schließlich sagte er: Viel ist es nicht mehr, was ich dazu sagen kann. Wenn sie ihre Identität daraus bezog, dass sie für ihre Eltern ein Problem abhandelte, und sei es auch nur dieses, dass ihre behinderte Existenz es ihnen möglich machte, beieinander zu bleiben, wie sollte sie sich dann eine andere Identität geben?

Also sind die Eltern schuld an dem Selbstmord.

Nein, die Eltern sind nicht schuld. Aber sie können sich ihr weiteres Leben über die Krankheit ihrer Tochter unterhalten und sich auch gegenseitig die Schuld für den Suizid zuschieben. Sie können aber auch anerkennen, dass ihnen die Tochter durch ihren Selbstmord bewiesen hat, dass sie, wie alle Eltern, letztlich doch nicht bestimmen können, was die Kinder tun. Diese Ohnmacht hinnehmen, hieße um ihre Tochter zu trauern. Dann würde alles anders sein, weil sie anerkennen würden, dass ihre Tochter eine eigene Existenz hatte. Man kann und sollte nicht sagen, dass die Eltern schuld an der Entwicklung waren. Ja, auch die Schuld an der psychischen Störung darf man ihnen nicht geben.

Erst beziehen Sie sich auf die Eltern, und dann sagen Sie, die hätten keine Schuld.

Ich kann es Ihnen nicht beweisen. Ich kenne auch keine wissenschaftlichen Arbeiten dazu. Aber ich kann mir einfach nicht vorstellen, dass die Frage, ob jemand verrückt ist oder nicht, allein von der individuellen Verfassung einzelner Menschen abhängt, obwohl natürlich die Eltern die Entwicklung der Kinder bestimmen. Wenn wir die Psychose nicht brauchen würden, gäbe es sie nicht. Nicht weil Sie sich in ihr Leben eingemischt haben, haben Sie einen Anteil an ihrem Schicksal, sondern weil wir alle etwas davon haben, dass es Menschen wie Frau Rein gibt. Wir verleugnen das.

Die Unterhaltung endete hier. Der Doktor hatte noch Patienten, die auf ihn warteten.

Das zweite Ende der Geschichte

> Dieses zweite Ende der Geschichte beschreibt Roberts Beschäftigung mit Barbara und ihrem Schicksal. Wenn man so will, ist es auch irgendwie verrückt, was er empfindet oder sich denkt. Aber es ist doch ganz anders als das, was wir von der Familie Rein mitbekommen haben. Robert kann sich relativieren, darum hat er auch Humor, und er ist, obwohl ein sehr eigenständiger Mensch, immer auf seine Umwelt bezogen. Es wirkt eben »normal«. Seine Gedanken und Empfindungen ließen sich auch psychologisch deuten bzw. haben eine Motivation, die Robert meist nicht bewusst ist, aber eine Kommentierung wie bei der Familie Rein ergäbe hier keinen Sinn. Was er denkt, tut oder empfindet, macht auch ohne Deutung der unbewussten Motive Sinn.
>
> Die Gegenüberstellung von Roberts Erleben mit dem der Familie Rein soll auch deutlich machen, dass in der Psychose etwas Geheimnisvolles enthalten ist, das keine Deutung oder Erklärung ergründen kann.

Roberts Fragen waren nur zum Teil beantwortet. Die Fragen zur Psychiatrie interessierten ihn eigentlich gar nicht mehr. Nicht einmal der Selbstmord von Barbara war sein Problem. Nicht dass er ihren Tod richtig fand, es war nur so ein Gefühl, dass der Tod zu Barbara nicht zur Unzeit gekommen war. Letztlich blieb es ein Geheimnis. Was auch sonst hätte man tun sollen, als den Tod zu akzeptieren? Warum bringen sich Menschen um? Bestimmt nicht alle aus dem gleichen Grund. Barbara konnte man nicht mehr fragen. Also war sowieso jede Antwort darauf spekulativ. Nein, die Frage, die er sich stellte, war eine ganz andere, nämlich warum er sich überhaupt für Barbara interessiert hatte. Solange sie lebte, hatte er sich das nicht gefragt. Es genügte ihm damals festzustellen, dass sie ihn interessierte. Aber jetzt kam es ihm absurd vor.

Sehr zögernd fand er eine Antwort. Dass er sich um sie gekümmert hatte, war nicht aus einem Impuls moralischer Verpflichtung entstanden. An Barbara hatte ihn etwas ganz anderes fasziniert, nämlich dass ihr Verhalten nicht verständlich war. Ihr Verhalten entbehrte jeder Logik. Robert wusste bzw. konnte sich denken, dass Barbara eine Menge Schwierigkeiten hatte. Er hatte mitbekommen, dass das Ehepaar Rein enorme Beziehungsprobleme hatte, und er konnte sich ausrechnen, dass dies eine schwere Hypothek für Barbara war. Aber das alles machte es nicht erklärlich, wie Barbara gelebt hatte.

Sein eigenes Leben war klar, nachvollziehbar und für jedermann verständlich. Nicht, dass es an Zufällen, Unwägbarkeiten und Nackenschlägen gefehlt hätte. Robert hatte als Kind früh seinen Vater verloren. Mit dem neuen Partner der Mutter, den sie später, als er schon erwachsen war, heiratete, verstand er sich nicht. Nach dem Studium hatte er in einer Anwaltskanzlei gearbeitet, stellte aber nach einiger Zeit fest, dass er bei einem Anwalt arbeitete, der einen üblen Ruf hatte. Es war damals nicht leicht gewesen, diese Stelle aufzugeben und eine bessere zu finden. Seine erste Ehe war gescheitert. Als er erstmals einigermaßen gut verdiente, versuchte er, Aktiengeschäfte zu machen, verkalkulierte sich und wäre Konkurs gegangen, wenn ihm nicht ein guter Freund durch einen Kredit aus der Patsche geholfen hätte.

Er hatte Glück gehabt. Die Begegnung mit seiner jetzigen Frau war ein großes romantisches Erlebnis gewesen. Die Beziehung zu seinen Kindern war im Großen und Ganzen gut, wenn ihre Lebensentwürfe auch seinen Wünschen in vielen Punkten nicht entsprachen. Beruflich war er erfolgreich. Er hatte Freunde und war ein geachteter und beliebter Mensch. Die Familie war nicht reich, aber wohlhabend. Robert liebte seinen Beruf, und trotz einiger Schwierigkeiten in der Ehe konnte er aus dem Zusammensein Befriedigung ziehen.

All diese Erfolge und Misserfolge, die zu einem normalen Leben gehören, konnten seinem Leben nicht den Charakter von Normalität nehmen. Leichtsinn, Unwissenheit und auch Beeinflussbarkeit, die bei seinen Missgeschicken eine ursächliche Rolle gespielt hatten, sind für einen Menschen normal, besonders wenn er jung ist. Robert hat, wenn er in Gefahr geraten war, die Gefahr auch erkennen können und sich auf vernünftige Gegenmaßnahmen besonnen. Manchmal war es dann zu spät gewesen, aber er hatte das ihm Mögliche versucht. Da ihm wirklich großes Unglück erspart geblieben war, hatte ihn nichts aus der Bahn werfen können.

Mit dem Leben von Barbara hatte das alles nichts zu tun. Was sie getan hatte, war schon im Ansatz, in der Intention etwas, was für Robert nicht nachvollziehbar war. Und er war sich sicher, dass er es nicht verstehen konnte. Fehlte ihm etwas? Er erklärte es sich so, dass ihm die Fähigkeit fehlte, das Sinnlose zu ertragen. Robert hatte die Idee, dass es für ihn ein innerer Zwang war, vernünftig zu sein.

Dieser Gedanke kam ihm aber andererseits absurd vor, sodass er sich fast dafür schämte.

Sie konnte wahrscheinlich besser mit dem Sinnlosen umgehen, meinte er einmal in einer Unterhaltung mit seiner Frau.

Glaube ich nicht. Idealisiere die mal nicht! Die war viel zu arm dran. Die hat sich das doch nicht ausgesucht, wandte sie ein.

Stimmt, dachte er. Und doch, umso schlimmer! Sie hatte es sich nicht ausgesucht. Die wusste gar nicht, was Beziehung zu einem anderen Menschen bedeutet. Das hatte er erfahren. Ihm fiel die Szene am See mit der jungen Frau ein. In ihrem unfertigen Verstand hat sie es mit dieser Frau versucht, so wie sie es konnte. Robert wurde unheimlich.

Aber mit der Zeit verblassten die Erinnerungen an die Ereignisse um Barbara. Nur die Idee, dass sein Leben mit dem von Barbara irgendwie verbunden war, beschäftigte ihn weiter. So hatte es doch Dr. Kraus gesagt. Wenn er nur wüsste, wie.

Immer wieder kam er auf dieses Thema zurück, und dann drängte sich ihm die Frage auf, warum er alles das tat, was er den Tag über tat. Erst glaubte er, dass seine Begegnung mit Barbara ihn mit der Frage nach dem Sinn seines Handelns konfrontiert hatte. Dann aber kam er darauf, dass es wahrscheinlich umgekehrt war. Barbaras Existenz war ihm so absurd vorgekommen, dass ihm die Frage nach dem Sinn seines Lebens ganz überflüssig erschien.

Eines Tages, er ging durch die Stadt, fiel ihm auf, wie gedrängt alles war, wie viele Menschen dort geschäftig hin und her liefen. Er selbst hatte es auch eilig. Er musste in sein Büro zurück, wo schon ein Mandant auf ihn wartete, wollte aber vorher noch nach einem neuen Kommentar zu einer Gesetzesnovelle schauen. Die Eile, in der er sich befand, störte ihn. Er sah Menschen, die vorbeihasteten.

Unwichtig!, rief er ihnen lautlos zu. Unwichtig! Sie können auch einfach stehen bleiben. Denken Sie nach! Man muss nicht ins Büro zurück. Im Hinblick auf die Ewigkeit – wie hieß es noch? *Sub specie aeternitatis* – war das bedeutungslos.

Wen würde in China – da leben eine Milliarde Menschen! – interessieren, wenn er einfach stehen bliebe, kein Buch kaufen würde, der

Mandant unverrichteter Dinge nach Hause gehen müsste? Wenn er nie wieder ins Büro ginge! Wen würde es in nur einem Jahr interessieren, wenn er überhaupt nicht mehr ginge!

Er war belustigt und für einen Augenblick befreit von seinem Ziel. Dann sah er eine Frau vor sich. Sie hatte eine schöne Figur und trug einen engen Rock, der unten weit ausgestellt war. Robert hatte plötzlich ein Gefühl der Erregung und dachte über die junge Frau nach. Wie wohl ihr Gesicht aussehen würde, ihr Busen, die Augen?

Sie wird jung sein.

Er versuchte, sich von den Menschen zu distanzieren, und merkte, dass er das gar nicht konnte. Da waren so viele Menschen, Ereignisse und Dinge, die ihn immer wieder gefangen nahmen.

Es ging nicht. Er gab es auf. Doch das Problem kehrte wieder. Als er am Abend nach Hause kam, seine Frau begrüßte, schoss es ihm wieder durch den Kopf. Einen Augenblick hielt er inne und dachte: Weggehen! Alles stehen lassen, jetzt sich umdrehen, auf keinen erstaunten Ausruf reagieren, durch die Haustür gehen, auf die Straße gehen und einfach weitergehen, immer weiter.

Ist was?, fragte seine Frau.

Ich bin ziemlich erschossen, antwortete er. Ich freue mich auf dein Essen und einen ruhigen Abend.

Der Gedanke erlosch, er gab seiner Frau ein Küsschen, legte die Aktentasche ab und ging, um sich etwas lockerer für den Abend anzuziehen. Er erschrak. Noch nie hatte er das Gefühl gehabt, alles aufgeben zu können. Ein Selbstmord, das wäre das Äußerste gewesen. Aber ein Selbstmord, das ist eine Strafe für die Welt. Da ist einem nichts egal, im Gegenteil, alles ist wichtig. Aber einfach nur weggehen? Robert dachte enttäuscht, dass er dem Leben und seinen Zwängen hilflos ausgeliefert sei. Nichts würde ihn davon abhalten können, das zu tun, was er immer schon getan hatte und alle von ihm erwarteten.

Wie sollte er sein Leben aushalten? Immer das Gleiche. Immer das gleiche Frühstück am Morgen. Zwei Scheiben Brot mit Marmelade. Seit einundzwanzig Jahren die gleiche Marmelade. Das muss man sich mal vorstellen! Die Morgenzeitung; Politik, Seite 3, Lokales, Todesanzeigen und dann Klatsch und allzu Menschliches. Die Wale sind wieder auf dem Strand von Nordschottland gelandet. Sieben Pottwale, alle verendet. Die Frau liest mit, nicht mehr im Morgenmantel, im feinen Hosenanzug. Steht ihr wirklich. Ist ja auch schlank genug. Arbeitet wieder. Marschiert ab in ihr Büro. Ihr Büro, nicht irgendein Büro. Elegant die Büroangestellten in ihrem Büro. Der Morgenmantel nur

noch eine Erinnerung, der so vieles frei ließ, den sie oben oder unten offen ließ, um ihm zu gefallen, weil er, in der Tür schon, ihr noch mal an die Brüste griff. Auch zwischen die Beine. Aber das Geld, das sie nach Hause bringt, ist auch nicht schlecht.
Tschüüüüs.
Was könnte man mit dem Geld machen? Verreisen? Wohin? Was Kaufen? Essen gehen? Den Kindern schenken?
Robert fuhr in seinem Wagen in die Kanzlei. Was dachte er seit zwanzig Jahren auf dieser Fahrt? Oft fuhr er gar nicht in die Kanzlei, sondern direkt zu irgendeinem Gerichtstermin. Dachte er dann etwas anderes? Früher war er aufgeregt, weil er nicht wusste, ob er erfolgreich sein würde. Später war er aufgeregt, weil er wissen wollte, was aus seinen Kindern werden würde. Auch diese Frage war jetzt entschieden. Sie waren erfolgreich, aber nicht besonders. Was dachte Robert heute? Genau das war sein Problem. Er wusste nicht, worüber er nachdenken sollte.
Krieg in fernen Ländern. In der Zeitung hatte er heute Morgen vom Krieg gelesen und Bilder vom Krieg gesehen. Klar, die Menschen brauchen Krieg. Sie haben Lust am Krieg. In den Krieg ziehen mit Hurra. Mit einem Gewehr, das blitzt und männlich ist.
In der Kanzlei war es auch wie immer. Adrette Sekretärin. Verschwiegen ist sie. Junge Frau, vielleicht bedient sie ihn, mit ihrem Körper. Aber wer bin ich denn? Dick, Bauch, alte Haut, grau.
Nein, er hat heute keinen Gerichtstermin.
Heute ist die große Besprechung mit den Leuten von der Brotfabrik.
Denken Sie an den Kaffee!
Wozu das alles?
Es gab Tage, da wusste er gar nicht, warum er sich grämte. Da war alles wie immer. Dann wieder war er gereizt, missmutig und schlief schlecht. So ging das über Monate. Erst allmählich versöhnte er sich mit den Fakten. Er war unrettbar an das Leben verloren.
Seine Frau hatte zum Samstag Freundinnen zum Kaffee geladen. Die werden bestimmt bis zum Abend bleiben. Am besten du bist gar nicht im Haus, teilte sie ihm mit Bestimmtheit mit.
Er beschloss, aufs Land zu fahren. Er suchte sich Wege durch Felder und Wälder, wo er nur wenigen Menschen begegnete. Anfangs kam er sich etwas verloren vor, so allein. Aber dann überkam ihn allmählich ein Gefühl von Sicherheit und Kraft. Er sah aufmerksam in die Landschaft. Er begann laut zu sprechen. Es war kein Zwiegespräch,

kein Gespräch, mit dem er Gedanken klären wollte. Es war eine Rede, die er der Welt und sich selbst hielt. Immer wieder blieb er stehen, reckte sich und rief den Wolken, den Wäldern und der Sonne etwas zu. Es waren ungestaltete Worte. Er wollte nichts Bestimmtes sagen. Er wollte bezeugen, dass er da war, lebte. Er wollte es so.

Es war ein warmer Tag im August. Die Sonne schien. Robert wanderte stundenlang. Wenn er müde war, legte er sich unter die Bäume. Weit und breit kein Mensch, selten ein Haus oder ein Gefährt. Nur das Rauschen der Bäume, ab und zu das Summen der Insekten. Robert war beeindruckt von der Ruhe der Welt um ihn herum. Er war jetzt ganz friedlich. Kleine Wolken segelten langsam von links nach rechts. Er schaute in die Blätter der Bäume, in die Äste, sah das Licht und stellte sich vor, dass sich die Sonnenstrahlen nach der langen Reise freuten, endlich ein Ziel gefunden zu haben. So fühlte er sich mit dem weiten Raum hinter der Erde verbunden.

Er war erschreckt. Es war so still. Ist das alles tot hier? Der Wind strich über seine Haut, die Gräser bogen sich, und er sah und hörte allmählich Leben. Das Leben ist langatmig, dachte er. Auf geheimnisvolle Weise passte alles. Der Vogelflug jetzt, der kümmernde Baum da hinten und die riesige Ausdehnung des Baumes dort. Nichts sollte anders sein. Wie ein großes Tier atmete die Landschaft.

Es war schon dunkel, als er mit der Bahn zurückfuhr. Das Abteil war leer. Es roch nach kaltem Zigarettenqualm. Auf einem Sitz lag eine zerfledderte Zeitung. Später stieg ein junges Paar dazu, drückte sich in eine Ecke und knutschte. Robert dachte an nichts. Erst als der Zug durch die Vorstädte fuhr, als er von hinten in die erleuchteten Fenster sah, wurde er aufgeregt. Er sah die Menschen.

Jeder von diesen ist allein, dachte er. Woher beziehen diese Menschen den Sinn für ihr Leben? Er konnte diese Frage nicht beantworten. Er konnte sie auch nicht lassen. Er konnte sich auch nicht sagen: Es gibt keinen Sinn.

Es war nun alles ganz anders als vorher. Er war erfüllt von dem Gedanken, dass er Menschen brauchte. Es packte ihn, als hätte er noch nie daran gedacht. Er wollte den Menschen nahe sein, sie lieben. Robert stand auf, ging in dem Abteil hin und her. Stellte sich ans Fenster, dann setzte er sich wieder. Er hatte Schwierigkeiten, seinen Gedanken Worte zu geben.

Seine Frau fiel ihm ein. Schrecken überfiel ihn, dass er sie verlieren könnte.

Als er zu Hause ankam, mochte Robert nicht mehr an das denken, was ihn den Tag über beschäftigt hatte. Morgen würde er weiter darüber nachdenken, oder auch erst übermorgen oder irgendwann.

Es war tiefe Nacht, als er zusammen mit seiner Frau die Gäste vor die Tür brachte. Er blickte nach oben. Es war eine kühle, klare Sommernacht ohne Mond. Über sich konnte er, trotz der vielen Lichter aus der Stadt, einige Sterne sehen.

Vielleicht hat ein Gott Barbara als Sternbild in den Himmel gesetzt, dachte er.

Sternbilder sind gar keine Bilder, es sind Relationen der fernen Sonnen zueinander, und auch das nur aus unserer Erdperspektive. Die Seeleute denken, das hat jemand für sie aufgehängt, damit sie ihren Weg finden. Der Sternenhimmel zog ihn in seinen Bann.

Sternbilder sind Heldenbilder. Barbara war alles andere als eine Heldin. Zu der passt besser eines der schwarzen Löcher – die Mösen des Weltalls. Robert musste innerlich lachen.

Was gibt es denn da zu sehen?, fragte seine Frau. Sie wunderte sich über Robert, der mit dem Kopf im Nacken nach oben starrte.

Man sieht Sterne, antwortete er trocken.

Ach ja?, sagte sie.

Die saugen alles auf, alle Energie und Materie, sagte Robert. Aber irgendwann müssen sie doch auch was ausspucken!

Wer saugt?, fragte seine Frau irritiert. Die Sterne?

Robert musste nun laut lachen und drückte sich an sie.

Ja, sagte er. Sie spürte, dass er ihre Nähe wollte und legte den Arm um ihn.

Komm!, sagte sie und zog ihn ins Haus.